Table

Prologue

Entre 2008 et 2013, les forces spéciales françaises et la DGSE ont, par exemple, capturé ou tué près d'une centaine de djihadistes dans certains pays du Sahel (Mauritanie, Mali, Niger) sans qu'aucune opération militaire ait été légalement déclenchée. Sans oublier les raids menés en Libye en 2011 dans la plus grande discrétion, ou celui de la DGSE en Somalie en janvier 2013, en pleine «zone grise».

Depuis son élection en mai 2012, François Hollande entend incarner une politique plus martiale que ses prédécesseurs, quitte à en payer le prix et à sortir du strict cadre de la légalité. Ainsi, il a décidé de répliquer de manière systématique aux prises d'otages et aux attentats qui touchent des Français dans le monde. Il a ordonné l'exécution à l'étranger d'une quarantaine d'individus considérés comme dangereux pour la France, hors cadre légal de la guerre. Des exécutions extrajudiciaires, validées par le président de la République.

François Hollande contient les noms des personnes dont l'élimination a été secrètement approuvée. Il peut s'agir d'assassinats ciblés confiés à des soldats, des agents des services secrets français ou de pays amis. Dans le langage codé des professionnels du renseignement, on appelle cela les «opérations Homo», pour homicide. Il avait déjà abordé le sujet face aux journalistes Gérard Davet et Fabrice Lhomme, dans leur ouvrage *Un président ne devrait pas dire ça»*, confiant avoir approuvé au moins quatre assassinats ciblés de terroristes à l'étranger.

Le ciblage est affiné à partir de renseignements électroniques, des interrogatoires de prisonniers et des études d'imagerie, qui permettent ensuite l'identification formelle de la cible et son suivi jusqu'au moment le plus favorable au déclenchement de l'opération.

Naturellement, sur instruction de l'Elysée, les états-majors mènent généralement ces opérations spéciales dans la plus grande discrétion. Elles sont classées «confidentiel Défense» et ne donnent lieu qu'exceptionnellement à des communiqués militaires. Le président de la République, le ministre de la défense et le chef d'état-major des armées souhaitent cependant montrer régulièrement que la France réplique désormais à toute attaque contre ses intérêts et traque sans relâche les commanditaires, afin de les éliminer. Au risque de se heurter aux magistrats chargés d'enquêter sur les actes terroristes et désireux de pouvoir renvoyer un jour leurs auteurs devant les tribunaux, comme c'est le cas notamment dans les affaires des otages d'Arlit, de la mort de Philippe Verdon ou de celle des deux journalistes de RFI.

Car les juges, ainsi que les parties civiles, n'apprécient guère les exécutions extrajudiciaires décidées en haut lieu, qui s'apparentent, selon certains d'entre eux, à la réinstauration d'une peine de mort sans autre forme de procès. Aux yeux de l'Elysée et des états-majors, à l'inverse, la guerre contre des ennemis lointains et fanatiques justifie la primauté des opérations militaires sur le recours incertain à la justice hexagonale.

De son côté, le général Pierre de Villiers, chef d'état-major des armées, interrogé, sur Europe 1, en octobre 2014, évoque huit responsables identifiés et déjà efficacement traqués : «*Nous avons neutralisé sept d'entre eux. Il n'en reste plus qu'un et nous l'aurons.*» Il s'agit évidemment de Mokhtar Belmokhtar, à qui sont imputées d'autres attaques – les attentats-suicides à Arlit et Agadez au Niger, en mai 2013, et celui commis contre une unité de l'armée française près de Gao, au Mali, le 14 juillet 2014, ayant tué un légionnaire et blessé six soldats.

Depuis des mois, plusieurs proches du «Borgne» (Belmokthar) ont effectivement été éliminés sur ordre de l'Elysée : Abou Moghren Al-Tounsi, à la fin de septembre 2013 ; Fayçal Boussemane et le Mauritanien Al-Hassan Ould Al-Khalil, alias Jouleibib, gendre et porte-parole de Belmokhtar, en novembre 2013 ; Omar Ould Hamaha, dit Barbe rouge, bras droit de Belmokhtar, en mars 2014 ; Abou Bakr Al-Nasr, dit l'Egyptien, spécialiste des armes, très actif du côté de Benghazi en Libye, tué en avril 2014. Un autre lieutenant du Borgne, Ahmed Al-Tilemsi, trouvera la mort en décembre 2014 ; il était suspecté d'être l'un des principaux responsables de l'enlèvement de Vincent Delory et Antoine de Léocour à Niamey, en janvier 2011.

Les déclarations du général de Villiers provoquent de vives réactions au Palais de justice de Paris. « *Nous avons appris, un peu furieux, par les médias, que des individus susceptibles d'être impliqués dans des affaires de terrorisme avaient été capturés et neutralisés par l'armée française, déplorera Juliette Le Borgne, ancienne procureur au parquet antiterroriste. Notre objectif judiciaire, c'est de conserver ces personnes en vie pour les traduire en justice. Or ce n'est pas l'objectif de l'armée française. Nous voulons juste savoir la vérité, pour les familles.* »

L'ambiguïté de ces opérations réside dans le fait qu'elles se situent dans une "zone grise", c'est-à-dire en dehors du cadre légal des conflits armés, et sont menées par la DGSE et les services spéciaux. Le flou juridique qui les entoure est assez important. En effet, dans le cadre d'un conflit militaire reconnu et déclaré comme tel, passé par l'aval parlementaire, ce genre d'opération spéciale est assimilé à un acte de guerre.

Chapitre 1

Op Homo

Une opération *Homo* est une opération d'élimination de personnes, menée par le Service Action du DGSE. Un groupe commando dédié aurait été créé au sein du SA (*en 1986*) pour effectuer ces opérations de neutralisation, baptisé cellule Alpha...

135 personnes éliminées en 1960

Le Service Action du SDECE (*avant DGSE*) a tué, sur ordre, plusieurs centaines de personnes en France, en Europe et en Afrique du Nord pendant la guerre d'Algérie entre 1958 et 1961, a révélé Constantin Melnik, qui supervisait, à l'époque, l'action des services secrets et de renseignements du premier ministre Michel Debré.

Dans l'avant-propos de son ouvrage «*la Mort était leur mission*», roman de fiction (*éditions Plon*), Constantin Melnik écrit qu'au «*cours de la seule année 1960, 135 personnes ont été envoyées ad patres au cours d'«opérations homo» (pour homicides) du service action du SDECE. Six bateaux ont été coulés et deux avions détruits*».

Durant trois ans et trois mois, de janvier 1959 à avril 1962, Constantin Melnik, alors âgé d'une trentaine d'années, a été l'observateur privilégié de cette période depuis son bureau de Matignon, dont dépendait alors le SDECE (*Service de documentation extérieure et de contre-espionnage*).

Précisant qu'il «assume» l'avant-propos et la postface de son livre - où certains noms de personnalités ou d'exécutants ont été changés - il raconte la guerre menée par le service action contre les trafiquants d'armes destinées au FLN en Suisse et en Allemagne et la traque meurtrière contre les dirigeants des mouvements nationalistes algériens en France ou en Afrique du Nord.

Fin 1985, les chefs du SA optent pour une nouvelle approchedans la foulée de l'affaire du *Rainbow Warrior*.. Désormais, les opérations Homo relèveront exclusivement d'un groupe spécialement créé au sein du SA : la cellule Alpha. Celle-ci sera organisée de manière encore plus clandestine que le SA. Les ordres viendront toujours «d'en haut», sans intermédiaire. Par conséquent, les opérations Homo sont rebaptisées par certains initiés, en langage codé, opérations Alpha.

Dans le livre de Vincent Nouzille "Les tuers de la Republique" on peut lire: " *La cellule va fonctionner sans anicroche durant plus d'une quinzaine d'années, de 1987 à 2002. Elle commence à être opérationnelle après la série d'attentats terroristes qui frappent la France en 1986-1987, justifiant, aux yeux de ses promoteurs, la traque de certains «terroristes» en Europe, au Moyen-Orient ou en Afrique.*

Des « terroristes » moyen-orientaux ont été visés à la fin des années 1980. Des cibles serbes ont été atteintes en ex-Yougoslavie. Des réseaux « djihadistes » – notamment des Algériens du GIA (Groupe islamique armé), puis du GSPC (Groupe salafiste pour la prédication et le combat) – se sont retrouvés dans le viseur de la cellule Alpha durant la guerre civile des années 1990 en Algérie, au moment de la Coupe du monde de football organisée en France en 1998, puis lors du passage à l'an 2000, quand des risques d'attentat ont été détectés.

Le leader libyen Mouammar Kadhafi aurait reçu, durant la guerre du Golfe, des émissaires suggérant que sa famille et lui-même auraient de graves problèmes s'il s'avisait de soutenir Saddam Hussein ou de commanditer des attentats en France. Après la guerre en ex-Yougoslavie, des criminels de guerre serbes ont été discrètement avertis qu'ils vivraient dangereusement s'ils ne se rendaient pas, tôt ou tard, à la justice.

Dans ses Mémoires, Pierre Martinet, un ancien agent du SA qui a travaillé sur des dossiers d'objectifs pour eux sans en savoir plus, reconnaît que cette cellule – qu'il a rebaptisée Draco dans son livre – « *restait un mystère pour tout le monde* » : « *On croisait les Draco de temps à autre au mess quand nous allions manger. Ils ne se distinguaient pas des autres agents, sauf qu'ils ne se mélangeaient pas et personne n'allait chez eux*».

Le préfet Claude Silberzahn explique que le service exécutait « très peu », seulement dans des cas de légitime défense, et confirme le processus de décision alors en vigueur: «*Jamais aucune des actions du service ne doit pouvoir être imputée au président de la République. Il ne saurait donc être question de demander des instructions à la présidence ou une couverture politique.* » Ainsi, Silberzahn n'attendait pas d'approbation formelle, estimant que l'initiative d'une opération Homo relevait de sa responsabilité : « *Si l'action, à supposer qu'elle vienne à être connue, peut entraîner de graves suites diplomatiques, il est bien évident que le directeur a besoin de l'aval politique. [...] Mais s'il a la conviction d'avoir 98 % de chances de réussir sans que sa main apparaisse, ou que, si elle apparaît, cela n'aura ni influence ni répercussions notables sur la diplomatie française ou la vie politique intérieure du pays, alors c'est son travail et il doit l'accomplir dans la solitude. »*

Service Action

Le Service Action est une unité militaire secrète française placée sous le commandement opérationnel de la Direction des opérations (DO), au sein de la DGSE, l'équivalent français de la CIA. Le SA est chargé de la planification et de la mise en œuvre des opérations clandestines armées. En clair, contrairement aux opérations spéciales menées par des unités plus classiques, le SA conduit des actions qui ne sont pas revendiquées, ni revendicables par le gouvernement français.

Opérations «homo» (homicides) ou «arma» (sabotage, destruction de matériel), section Alpha (unité chargée des assassinats ciblés), HC («honorable correspondant»), «boîte aux lettres morte», « officier traitant», «légendes», «couvertures» et «identités fictives» sont les mots de code de ce monde à part et inaccessible.

La totalité des informations concernant cette unité sont classées secret-défense et, sauf exception, ni la présidence de la République ni le ministère de la Défense ne commentent ses opérations. Les agents du SA sont protégés par l'État.

L'agent du SA travaille souvent seul et s'expose lourdement car le meilleur moyen de ne pas être vu consiste souvent à se montrer et dès lors à s'exposer. Les soldats du SA sont donc prêts à mourir pour la patrie dans l'anonymat le plus complet.

Reconnaissance clandestine, franchissement de lignes, pénétration de dispositifs, sabotage, destruction de matériel, libération d'otages, exfiltration des agents, contre-terrorisme, neutralisation d'individus identifiés comme des «cibles internationales», guidage d'avions, protection de sites ou de personnalités, identification des risques,   conseil opérationnel à des dictatures, soutien à des rébellions, assassinat de terroristes et appui à des régimes amis politiquementfont parti des actions les plus courantes.

Corbin de Mangoux, directeur de la DGSE à l'époque, maintient une ligne de défense pleine de vertu: *«La DGSE dispose d'une capacité d'action clandestine et d'entrave. Cette dernière vise à empêcher la survenance d'un* événement non désiré par tout moyen, y compris militaire. Le service est soucieux du respect de la légalité, et je m'attriste des allégations de la presse lorsqu'elle nous qualifie de "barbouzes". Nous sommes des agents de l'État agissant sous les ordres de l'autorité politique pour la défense des intérêts de la République

Jean-Marc Gadoullet dans son livre "Agent Secret" ecrit: " Les combattants du SA agissent dans la clandestinité non pas par plaisir mais pour retrouver et neutraliser ceux qui travaillent laborieusement, en sous-main, dans le plus grand secret, en usant de la plus intelligente des mauvaises fois pour détruire les cadres qui régissent nos démocraties, nos républiques, nos cultures... Pour combattre un terroriste, il faut être soi-même un terroriste, mais un terroriste au service de la Nation. Alors, oui, on peut être profondément respectueux de la légalité et devoir en sortir pour trouver ses ennemis et ainsi mieux défendre le droit."

En Barcelone

Le pouvoir politique en France ne l'assume pas. C'est un sujet tabou. Est-ce que le service action de la DGSE peut aller jusqu'au permis de tuer? La question transcende les clivages politiques. Ce que les politiques n'osent pas dire, c'est qu'on peut tuer des gens. Cela veut dire qu'effectivement le chef de l'Etat a un droit de vie ou de mort.

Il y a une règle: les opérations «Homo» ne s'appliquent qu'aux non-ressortissants. On estime qu'un ressortissant est soumis aux règles de droit et qu'on dispose à son égard de tous les moyens légaux de coercition.

Dans le livre de Vincent Nouzille "Les tueurs de la Republique" on peut lire: "C'est en voulant entrer par une voie interdite sur l'autoroute en direction de Barcelone, près de la ville de Manresa, qu'une Audi 80 de couleur gris métallisé est arrêtée à minuit et demi, le 18 avril 2002, par une patrouille des Mossos d'Esquadra, la police catalane. Pour les quatre agents des forces de l'ordre, il s'agit d'un simple contrôle de routine.

«Bonsoir, pouvez-vous nous montrer vos papiers ? » lancent-ils au conducteur du véhicule, immatriculé en France. Cheveux bruns coupés courts, silhouette trapue, celui-ci tend son passeport français, délivré en mars 2000 à Paris au nom de Richard Perez, né à Marseille le 10 octobre 1963. Rien de suspect en apparence. Mais, en ouvrant le coffre de l'Audi, les policiers font une découverte surprenante. Dans un long tube en PVC de vingt centimètres de diamètre, ils trouvent un pistolet Ruger de calibre 22 mm équipé d'un silencieux et d'une visée laser, un fusil de 7,62 doté d'un silencieux, une mire télescopique, un tripode, ainsi que divers autres objets tels qu'un GPS, une boussole, un émetteur-récepteur, un téléphone portable Nokia, un appareil photo... Un arsenal digne d'un terroriste. Ou d'un trafiquant d'armes. Ou encore d'un tueur à gages. Le conducteur est aussitôt interpellé et conduit au poste de police de Manresa.

L'homme surpris par les Mossos d'Esquadra est, en réalité, un agent Alpha de la DGSE, un membre de la cellule ultra-clandestine du SA composée de tueurs spécialement entraînés pour les opérations Homo. En mission secrète en Espagne, il devait passer totalement inaperçu. Son arrestation va rapidement donner lieu à un véritable casse-tête entre la DGSE, le ministère de la Défense et l'Élysée, avant de nourrir un feuilleton franco-espagnol rocambolesque.

Dubitatifs, les policiers catalans sont également surpris de constater que, durant l'interrogatoire, l'agent Alpha reçoit sur son portable des appels insistants en provenance de différentes cabines téléphoniques du centre de Barcelone. C'est Antoine, son correspondant inquiet, qui attend de ses nouvelles.

Dans l'après-midi du 18 avril 2002, une patrouille est dépêchée à Barcelone, sur la grande artère des Ramblas, où les cabines ont été localisées. Après quelques heures de surveillance, un homme qui correspond au profil recherché est interpellé. Antoine s'appelle officiellement Richard Piazzole, résidant à Paris. Il s'agit, là encore, d'une fausse identité. Dans la voiture de ce second suspect, les enquêteurs découvrent un talkie-walkie, des cartes téléphoniques, un GPS, des guides de voyage et un roman policier. L'homme, qui est en réalité un officier traitant de la cellule Alpha, se révèle peu bavard. Sa fausse identité tient la route. Il se présente comme un enseignant en informatique ayant fait son service militaire dans un régiment d'infanterie. Ses explications sur les raisons de sa présence en Catalogne, sur les armes saisies dans la voiture et sur ses relations avec ce dernier demeurent vagues.

Durant quelques heures, en avril 2002, le général Philippe Rondot a bien cru avoir perdu toute trace de deux agents de la DGSE en Espagne. C'était très ennuyeux parce qu'ils étaient partis pour un «exercice Alpha», et dans les notes de Rondot, le code «Alpha» désignait les équipes préparées aux opérations «Homo», c'est-à-dire aux assassinats ciblés. Les agents «disparus» étaient en réalité sous les verrous.

L'agent qui devait être testé est présenté par la presse espagnole sous le nom de Rachid Chaouati et par la presse française sous l'alias de Richard Pérez. L'homme aurait déjà effectué plusieurs missions en Europe pour son officier traitant, connu sous le pseudonyme de Christian Piazzole. Chaouati aurait notamment été chargé de prendre des photographies dans le restaurant d'un grand hôtel d'Amsterdam et de dissimuler une caméra dans un bâtiment sur une île au large de Naples.

L'exercice Alpha d'avril 2002 aurait donc eu pour but de tester un agent de la DGSE dans une "mission logistique" avec armes de guerre, en Espagne, sous la direction d'un officier traitant du service action. Chaouati, alias Pérez, avait pour mission de transporter un équipement complet pouvant servir à une élimination, d'une cache située près de Tarragone à une autre cache se trouvant à 100km, près de Barcelone. Il devait pour se faire employer une carte Michelin et un GPS contenant des points prédéfinis marquant la position des caches, mais l'homme n'aurait pas réussi à localiser l'équipement et aurait été appréhendé par la police espagnole, échouant à sa mission.

Et le général s'est chargé de régler l'épineux dossier jusqu'à leur libération six mois plus tard. En mai 2002, lorsqu'il dévoile «*l'affaire espagnole*» à Michèle Alliot-Marie, qui vient de remplacer Alain Richard au ministère de la Défense, le général Rondot évoque «*un exercice d'entraînement logistique destiné à tester un agent de la DGSE*».

«*Près de Manresa (province de Barcelone), la police a découvert le transport clandestin d'une arme de guerre de longue portée avec une mire télescopique*, résume l'ancien procureur général de Catalogne José María Mena Álvarez. *Les investigations ont permis l'arrestation de deux citoyens français, l'un d'eux étant algérien d'origine. Ils ont été placés en détention à cause du risque de fuite, et pour le "danger imminent" que représentait l'usage de l'arme. A aucun moment, ils ne se sont présentés comme des agents de l'Etat français.*»

En octobre 2002, Rondot demande au patron de la DGSE de voir «*les familles*» et prépare des «*éléments de langage*» pour la presse : «*C'est un exercice en situation réelle, ce qui explique la présence d'armement.*»

Le 16 Octobre 2002, le directeur de cabinet d'Alliot-Marie envoie Rondot en Espagne. «*Mon général, je vous confirme qu'il me paraît nécessaire que vous rencontriez personnellement le procureur général de Barcelone pour attester la qualité de la personne en cause. Il est souhaitable que cette démarche soit effectuée le plus tôt possible, c'est-à-dire dès demain.*» Rondot s'y rend accompagné de deux responsables de la DGSE. Il dépose sous son nom, se porte garant, et demande «*l'expulsion*» des agents.

L'ancien procureur général Mena Álvarez se souvient «*des pressions officielles*» exercées par «*la hiérarchie judiciaire espagnole*» pour une remise en liberté des Français. «*Mais les faits étaient graves et le juge d'instruction a* donc refusé.» «Alors que j'étais responsable du ministère public de Catalogne, une personne s'est présentée à mon bureau comme général de l'armée française, se souvient Mena Álvarez. J'ai fait vérifier sa qualité, et le général a fait une déclaration officielle devant moi, affirmant que les détenus étaient des fonctionnaires français qui avaient effectué sous ses ordres un exercice de simulation. Il a demandé leur remise en liberté, et s'est engagé sur l'honneur à ce qu'ils soient présents à l'audience le jour du procès. Devant cette garantie officielle, le juge d'instruction a remis les détenus en liberté.»

Fin 2002, Rondot envoie ses vœux au procureur «pour le remercier». Mais, en 2003, les officiels français vont se démener pour «obtenir la clôture du dossier par le procureur»: «Le ministre de la Défense peut en parler à son homologue espagnol. Exercer une pression. Procureur de Barcelone. Ministre de la justice espagnol?» note Rondot. «Ne pas exercer trop de pressions, car se serait donner le sentiment qu'il y avait autre chose à cacher», écrit-il aussi.

En septembre 2003, Rondot se tourne vers Laurent Le Mesle, l'actuel procureur général de Paris, alors conseiller justice de Jacques Chirac, pour «en savoir plus sur les intentions des magistrats espagnols».«J'ai reçu le général Rondot à la demande du chef d'état-major particulier, confirme M. Le Mesle. Il m'a indiqué que des agents français avaient été interpellés avec des armes prohibées. J'ai eu le sentiment que c'était une affaire secret-défense, et je n'ai pas posé de questions.» Laurent Le Mesle assure n'avoir fait que contacter le magistrat de liaison à Madrid pour «entrer en contact avec des magistrats locaux». Selon ce dernier, le dossier s'est traité «en dehors des voies classiques de la coopération internationale».

Les circonstances exactes de l'arrestation de Chaouati et Piazzole ne sont pas détaillées, mais selon la presse espagnole, Rachid Chaouati aurait collaboré avec la justice, accompagnant les enquêteurs aux différentes caches où un arsenal complet fut découvert. À l'intérieur d'un tube de PVC, la police espagnole a retrouvé un fusil de précision de conception artisanale, doté d'une lunette de visée et d'un trépied, ainsi qu'une arme de poing calibre.22, équipée d'un silencieux et d'un pointeur laser.

Le fusil de précision, chambré en 7.62mm, n'a pas été identifié par les enquêteurs et semble équipé d'un canon à silencieux intégral. Les policiers ont également découvert un appareil photo jetable Kodak, dissimulant une balise radio très sophistiquée qui devait servir à localiser la cache, une fois l'équipement enterré.

Après six mois d'incarcération des deux agents en Espagne, le général Rondot aurait été prié d'aller plaider leur cause à Barcelone, afin d'obtenir leur libération. Le ministère de la Justice du gouvernement Aznar aurait également fait pression auprès du procureur dans le sens d'une libération. Pour la presse française, Rondot aurait eu une entrevue avec le procureur général Mena Alvarez, se présentant comme général de l'armée française, affirmant que les deux agents procédaient à un exercice et demandant leur libération.

La presse espagnole rapporte pour sa part la visite au juge Mena d'un commissaire de police français, Bernard Chardonye, venu demander la libération de Piazzole. Le juge Mena aurait par la suite cherché à retrouver la trace du commissaire, sans succès.

Fin 2002, les deux agents français furent placés en liberté conditionnelle, dans l'attente de leur procès, prévu pour le 4 mars 2004. Ni les deux prévenus, ni le général Rondot, ni le commissaire français n'assistèrent au procès, au cours duquel le procureur demanda une peine de sept ans de prison. Un mandat d'arrêt international, toujours en vigueur, aurait été lancé par la justice espagnole pour retrouver les deux hommes.

Hollande

François Hollande, lecteur assidu des rapports de la DGSE alors qu'il était jeune chargé de mission sous Mitterrand, apprécie particulièrement les opérations du SA. Le président de la République ne partage sa liste de cibles qu'avec quelques proches triés sur le volet, trois personnes principalement, capables de guider ses décisions ou de garder le silence: son chef d'état-major particulier, le ministre de la Défense, Jean-Yves Le Drian, et le directeur de la DGSE, Bernard Bajolet.

François Hollande avait déjà abordé le sujet face aux journalistes Gérard Davet et Fabrice Lhomme, dans leur ouvrage *Un président ne devrait pas dire ça* , sorti en octobre 2016. "*L'armée, la DGSE, ont une liste de gens dont on peut penser qu'ils ont été responsables de prises d'otages ou d'actes contre nos intérêts. On m'a interrogé. J'ai dit: 'si vous les appréhendez, bien sûr...'*", y expliquait ainsi le chef de l'Etat, confiant avoir approuvé au moins quatre assassinats ciblés de terroristes à l'étranger.

La parution du livre-confession *Un président ne devrait pas dire ça...* (chez Stock) vient offrir une nouvelle salve d'ennuis au président de la République. Dépeint à droite comme à gauche comme un «suicide politique», l'ouvrage de

Fabrice Lhomme et Gérard Davet regorge d'informations compromettantes, si ce n'est classées secrètes. Dernier exemple en date, qui déclenche une bronca jusqu'au sein du gouvernement, la révélation d'au moins quatre homicides ciblés de terroristes, ordonnés par l'Élysée et exécutés par les services de la DGSE. Une pratique illégale selon les accords internationaux ratifiés par la France.

Interrogé sur les «opérations Homo», le 9 octobre 2015, François Hollande avoue aux deux journalistes: «*J'en ai décidé quatre au moins, mais d'autres présidents en ont décidé davantage*». Un mois plus tard, conscient d'avoir peut-être livré des informations sensibles, il tente de relativiser ces assassinats ciblés. «*C'est totalement fantasmé*», assure François Hollande. «*On ne donne pas de permis de tuer*». «*On a une liste de noms de tous les gens qu'on a éliminés, ça, je l'ai dit, mais on ne fixe pas une liste de noms en disant: "voilà il faut les éliminer". Si on les trouve, on les trouve*», détaille encore le chef de l'État et des armées.

nterrogé sur France 2, l'ancien ministre des Affaires étrangères Alain Juppé peine à contenir son indignation. «*Je demande d'abord que le président de la République assume sa fonction - je crois qu'il est trop tard - de manière digne. Quand on est chef de l'État, on ne tient pas des propos de ce type. Et il faut bien se mettre dans la tête que la transparence absolue, ça devient un danger pour la démocratie et pour la sécurité de nos démocraties*», poursuit le maire de Bordeaux. Avant de renchérir: «*Il est des situations où le secret est indispensable à l'exercice d'une haute fonction comme celle de chef de l'État*».

«*C'est une manière d'exposer sur la place publique ce qu'il y a de plus lourd dans la fonction présidentielle. Ça ne peut se faire qu'en conscience profonde et sûrement être étalé* devant les médias», à pour sa part brocardé François Bayrou, sur RTL.

Ancien ministre de la Défense de Nicolas Sarkozy, Gérard Longuet ne se montre pas moins critique sur LCP. Il dénonce un livre «*consternant de la part d'un président en activité*», qui contrevient à son devoir de «discrétion totale». «*Quand on porte la responsabilité de la République, il faut avoir la décence de taire ses états d'âmes*», estime le sénateur de la Meuse, soutien de François Fillon. «*Se confier à des journalistes par une sorte de narcissisme émerveillé de soi-même, c'est proprement insupportable parce que cela se fait au détriment de l'autorité de la République*».

À gauche, Jean-Luc Mélenchon a été l'un des premiers responsables à relever l'incroyable aveu du chef de l'État. Invité sur BFM-TV, le candidat de la France insoumise a prévenu le président: «Je mets en garde François Hollande. Il ferait bien d'y réfléchir. La France a signé (pour) le tribunal pénal international et le Mali aussi. Il y a un problème, il y en aura un bien vite. La vérité, c'est que c'est un assassinat décidé en haut lieu. En principe, ce genre de comportements relève du tribunal pénal international».

Mais le désaveu suprême provient d'un proche fidèle du président, Jean-Marc Ayrault, qui fut son ancien premier ministre. Interrogé par la presse diplomatique sur ces révélations, le ministre des Affaires étrangères s'est fendu d'une réponse sans appel: «*Un président ne devrait pas dire ça... la réponse est dans le titre, c'est la seule chose intéressante du livre*».

Dans son livre "Erreurs fatales", le journaliste d'investigation Vincent Nouzille raconte comment Paris a ordonné depuis 2013 l'exécution à l'étranger d'une quarantaine d'individus considérés comme dangereux pour la France, hors cadre légal de la guerre.

Des exécutions extrajudiciaires, validées par le président de la République. Le journaliste d'investigation Vincent Nouzille raconte comment Paris cible et ordonne sur le terrain l'assassinat de jihadistes présumés dangereux pour la France, dans le cadre de la lutte contre le terrorisme. L'ambiguïté de ces opérations réside dans le fait qu'elles se situent dans une "zone grise", c'est-à-dire en dehors du cadre légal des conflits armés, et sont menées par la DGSE et les services spéciaux.

Mais selon Vincent Nouzille, le chiffre est très minimisé. Ce serait en réalité une quarantaine de jihadistes considérés comme des menaces pour la France, qui auraient été ciblés et exécutés selon ce procédé, entre 2013 et 2016, soit une opération par mois environ. Un rythme soutenu, et jamais vu depuis les années 1950, selon le journaliste. "*De ce point de vue, François Hollande marque une vraie rupture dans l'usage de la force, alors que Nicolas Sarkozy et surtout Jacques Chirac étaient plus prudents sur ces sujets régaliens*", écrit-il.

Ces actions, appelées "opérations homo" (pour "opérations homicides") sont ainsi menées de façon illégale, soit par un agent spécial agissant seul, soit par une équipe restreinte. Les agents passent alors à l'action sur ordre, non écrit, du chef de l'Etat. "Les renseignements proposent des objectifs. Comme il s'agit d'opérations spéciales, ces propositions sont faites à l'échelon politique, qui valide ou pas", résume au micro de BFMTV Gilles Sacaze , ancien cadre du service action de la DGSE.

Les responsables militaires préfèrent le terme "d'objectifs stratégiques" ou de "cibles ennemies" à celui d'"exécutions ciblées", pour évoquer ces opérations. Car le flou juridique qui les entoure est assez important. En effet, dans le cadre d'un conflit militaire reconnu et déclaré comme tel, passé par l'aval parlementaire, ce genre d'opération spéciale est assimilé à un acte de guerre, explique Vincent Nouzille. L'élimination d'une "cible ennemie" rentre donc logiquement dans ce cadre.

Mais la situation apparaît plus ambiguë lorsque les agents des forces spéciales ou de la DGSE interviennent pour viser une cible dans une zone "grise", le terme militaire pour évoquer une zone d'instabilité, de non droit, ou bien en marge d'une opération militaire classique. Leur action, menée dans la plus grande discrétion, s'apparente alors davantage à une vengeance après un acte terroriste ou une prise d'otages impliquant des Français, ou à une exécution extrajudiciaire.

Une liste de *High Value Targets* (HVT) ou *High Value Individuals* (HVI) rassemble ainsi les noms des individus à cibler sur le terrain. Comme l'explique Vincent Nouzille, la traque est préparée avec la plus grande minutie par les services spéciaux, qui affinent les cibles à l'aide de l'étude de renseignements électroniques, d'interrogatoires de prisonniers, et d'analyses d'imagerie.

Objectif: affiner au maximum les informations permettant d'identifier et de localiser la cible humaine en question, avant de lancer toute opération. Une fois repérée, la cible est suivie jusqu'au moment jugé le plus opportun pour déclencher l'exécution.

On savait déjà qu'en 2014, François Hollande avait donné l'ordre à la Direction générale de la sécurité extérieure (DGSE) de supprimer Ahmed Abdi al-Muhammad, aussi connu sous le nom de Ahmed Godane, le chef des Shebbaab, un groupe terroriste islamiste qui sévit notamment en Somalie.

Et tandis que les services de renseignement français s'étaient occupés de la localisation du leader terroriste, c'est l'armée américaine qui s'était chargée de l'opérationnel, une frappe au moyen d'un drone militaire. L'armée américaine avait d'ailleurs confirmé l'opération.

Seulement voilà, Ahmed Godane a beau ne pas être un ange, les assassinats ciblés et décidés par le seul pouvoir exécutif, de façon arbitraire et sans aucun cadre légal, sont contraires au droit de la guerre et au droit international. Ils relèvent d'un droit de vie et de mort incompatible avec l'esprit du droit moderne.

La CPI

Comme l'explique le maître de conférence à Lyon Gilles Devers dans son blog Actualités du droit, cela revient à infliger la peine de mort sans aucun jugement. Et là où le bât blesse, c'est que la Cour pénale internationale (CPI) prévoit que «l'assassinat ciblé décidé par le pouvoir politique et commis dans le contexte d'un conflit armé, est un crime de guerre».

Et en l'espèce, l'ordre de supprimer le terroriste somalien n'a même pas été donné dans le cadre d'un conflit officiel. Et le juriste de poursuivre sa démonstration : si l'article 67 de la Constitution de la Ve République prévoit que le président de la République «n'est pas responsable des actes accomplis en cette qualité» hormis la destitution décidée par le Parlement constitué en Haute cour, l'article 53-2 de la Constitution française, dont François Hollande s'est porté garant récemment, indique que «la République peut reconnaître la juridiction de la Cour pénale internationale dans les conditions prévues par le traité signé le 18 juillet 1998», relève le professeur de droit de l'université de Lyon III.

En clair: le chef de l'Etat français est en revanche, devant la Cour pénale internationale, un justiciable comme un autre, au même titre que les dirigeants africains, dont la cour internationale – toujours pas reconnue par les Etats-Unis – est très friande. Les moyens juridiques qui permettraient de faire comparaître le chef d'Etat français devant la CPI semblent donc bien exister, noir sur blanc.

Denis Allex

Jean-Marc Gadoullet dans son livre "Agent Secret" ecrit: *"C'est le cas en Somalie, le 11 janvier 2013, lors de l'opération pour libérer l'un des nôtres, Denis Allex. Depuis Ouvéa, jamais la DGSE n'avait payé si lourdement le prix du sang lors d'un assaut. Denis a été capturé le 14 juillet 2009 à Mogadiscio, en pleine ville. Après plusieurs années d'incertitude, de préparation d'une hypothétique mission de libération, la décision tombe enfin : François Hollande autorise le SA à conduire un raid en Somalie pour libérer son agent, retenu par le groupe islamiste des Shebab.*

Je mesure à quel point cette décision est difficile à prendre pour un président de la République. Sauver Denis, c'est ce que tout le monde souhaite, bien sûr, mais pour cela il faut prendre le risque de mettre en jeu un détachement complet. Outre les vies humaines, il faut aussi peser l'impact potentiel sur la capacité opérationnelle de l'unité. Vingt morts ce serait un trou terrible dans les effectifs. Le nombre précis d'équipiers du CPIS est confidentiel, mais je peux dire que nous ne sommes pas nombreux. Pour le chef de l'État, qui doit raisonner froidement, cela représente également un paramètre à prendre en compte.

L'assaut, millimétré, est préparé et répété pendant des mois. Les renseignements qui parviennent de la zone sont passés au peigne fin, les cartes satellite disséquées dans leurs moindres détails. Les équipiers retenus savent qu'ils se retrouveront seuls en territoire hostile, encerclés par l'armée des Shebab. Un tel raid, seul le SA est capable de l'effectuer. La Légion, les commandos de marine et même les forces spéciales ne sont pas structurés pour ça. Les forces spéciales interviennent en force, elles ne seraient jamais allées aussi loin que le SA, formé pour l'approche furtive.

Enfin, de bonnes conditions se présentent : une nuit noire, sans lune, des coefficients de marée permettant de s'approcher au plus près des côtes sans se faire remarquer. L'opération est menée dans la nuit du 11 au 12 janvier 2013 près du village de Bulomarer. Hélas, malgré la préparation minutieuse, elle se conclut par la mort de l'otage et de deux agents du SA. Les miliciens somaliens essuient de lourdes pertes – plus de soixante-dix hommes –, mais ils submergent le commando par leur nombre. Les autres membres du détachement français sont sauvés avec l'appui aérien des hélicoptères.

Lourd, le bilan de l'intervention l'est plus encore qu'on ne le pense selon Vincent Nouzille: « Contrairement à la version officielle, plusieurs dizaines de civils sont également décédés durant le raid, victimes d'un "nettoyage" nocturne effectué par les commandos français, pour préserver l'effet de surprise, sur la dizaine de kilomètres les menant à la maison où était détenu l'otage. » Les propos du journaliste sont rapidement jugés crédibles, car il est courant de penser qu'il n'y a pas d'opération de cette nature sans victimes collatérales. Mais le supposer n'en fait pas une vérité.

Après la mort de Denis Allex, des instructions sont ainsi données aux services français pour pister le chef des Shebab, Mokhtar Ali Zubeyr, ainsi que tous ceux qui ont joué un rôle direct et indirect dans la détention de l'agent français."

Cibler avec précision un adversaire, c'est l'une des forces du SA. Un adversaire en général, et même un individu en particulier. Mais les espions disposent bel et bien du permis de tuer. « Tous les présidents, chacun à sa manière, ont recouru à ce type d'action, même s'ils s'en sont défendus», assure Vincent Nouzille dans son livre, spécifiquement consacré à ces opérations. « La France dispose de tueurs qui peuvent être mobilisés à tout moment pour ces missions. Des équipes spécialisées du SA s'y entraînent en permanence. Une cellule ultrasecrète baptisée Alpha a même été créée au milieu des années 1980 pour mener des opérations "homo" dans la plus parfaite clandestinité », poursuit-il.

Claude Silberzahn, directeur de la DGSE de 1989 à 1993, l'a également reconnu: « Le droit de mort des services spéciaux existe bel et bien. [...] C'est *un élément de stabilité dans le monde que ce droit suspendu au-dessus des têtes de certains "tueurs", et notamment de celles des terroristes. Il est important de faire planer cette éventualité, même si la pratique n'est pas quotidienne.»*

Bernard Bajolet

Le directeur de la DGSE après avoir été ambassadeur dans des pays sensibles comme la Jordanie, la Bosnie-Herzégovine, l'Irak et l'Afghanistan, ce sexagénaire à la fine barbiche, réputé pour son parcours hors norme et son style peu conventionnel, a inauguré la fonction de coordonnateur national du renseignement à l'Élysée sous Nicolas Sarkozy en 2008.

Il a quitté ce poste en 2011, estimant qu'il n'avait pas assez d'influence. Fin connaisseur des arcanes du pouvoir et des terrains de guerre, il a été nommé à la tête de la DGSE par François Hollande en avril 2013. Il y pilote près de cinq mille personnes, allant des as de la cyberguerre aux agents du SA, lesquels sont essentiellement des militaires formés aux opérations clandestines de tout type, y compris les assassinats ciblés.

Homme de confiance, Bernard Bajolet dispose d'un contact personnel avec le président de la République, n'hésitant pas à le joindre plusieurs fois par jour si nécessaire. Quitte, parfois, à court-circuiter le général Puga et l'actuel coordonnateur national du renseignement, l'ancien préfet de Corrèze Alain Zabulon.

Bernard Bajolet, auditionné à huis clos, en mai 2016, par la commission d'enquête parlementaire sur les attentats de 2015:

«La DGSE a plusieurs particularités. Tout d'abord, c'est un service intégré, qui regroupe des capacités de renseignement humain, technique et opérationnel. Le renseignement opérationnel est celui que nous n'obtenons pas par des sources, mais que nous allons chercher directement, à mains nues, en quelque sorte. Nous avons aussi une capacité d'entrave. L'entrave ne consiste pas nécessairement à éliminer tel ou tel individu, mais à empêcher une action.

Ces interventions ne sont pas seulement menées par la direction des opérations, mais elles peuvent aussi l'être par la direction du renseignement, par exemple en portant un cas devant la justice, en faisant arrêter des individus, en faisant arraisonner par la Marine nationale ou une marine étrangère un bateau qui transporte de la drogue ou des armes. Ces actions peuvent prendre des formes très différentes. Nous pouvons aussi apporter un soutien aux forces armées françaises ou à des services étrangers pour obtenir une action particulière.

Dans un service comme le mien, le renseignement humain est soutenu par le renseignement technique. Ainsi, plusieurs agents en rapprochement de la direction technique appuient les officiers de recherche ou les analystes dans chaque bureau de la direction du renseignement. À l'inverse, le renseignement humain soutient la recherche technique et les capacités opérationnelles.

Il est très important, pour obtenir du renseignement technique, d'accéder à certains réseaux à l'étranger : c'est grâce au renseignement humain ou opérationnel que nous sommes en mesure d'en dresser la cartographie. C'est pourquoi, dans certains pays, nous avons des capacités dont de très grands services, telle la National Security Agency (NSA), ne disposent pas.

En outre, nos moyens techniques sont mutualisés et mis à la disposition des autres services de renseignement français. Dans la pratique, cela se traduit par des postes déportés auprès d'autres services, en particulier la direction générale de la sécurité intérieure (DGSI) et la direction du renseignement militaire (DRM).

A propos de 13 Novembre

Je ne veux pas être trop spécifique. Nous connaissions plusieurs des auteurs des attentats de novembre. Nous suivions en particulier, depuis le mois de janvier 2015, le réseau Abaaoud, en liaison avec un projet d'attentat du « groupe de Verviers ». Nous avons aidé nos homologues belges à déjouer cet attentat. Comme vous le savez, Abaaoud a pu s'échapper. Si nous ne l'avons pas vu sortir de Syrie, nous avons appris, en coopération avec la DGSI, sa présence sur le sol français après les attentats du 13 novembre. Nous pensons que ceci a peut-être contribué à empêcher une autre vague d'attentats, mais nous n'avons malheureusement pas pu prévenir ceux du 13 novembre.

Le rôle de mon service est la détection en amont, à l'étranger, des attentats visant le sol français, et nous travaillons alors en collaboration avec la DGSI, qui est chef de file en ce qui concerne la menace visant le territoire français. Les personnes que nous suivons circulent entre l'Europe et les zones de jihad, syro-irakiennes, libyennes ou autres. Ce n'est donc du renseignement ni purement extérieur ni purement intérieur, ce qui amène à une étroite imbrication des deux services.

Nous connaissions parfaitement la dangerosité du personnage et savions qu'il nourrissait ce type de projets. Tous les moyens ont été mis en œuvre :

moyens humains, techniques, et coopération avec les partenaires. Cette coopération ne nous a jamais fait défaut, y compris s'agissant des Belges. Les Belges ont les capacités qui sont les leurs, mais leur bonne volonté et leur professionnalisme ne sont pas en cause. Nous savions donc qu'Abaaoud était retourné en Syrie, mais nous ne l'avons pas vu ressortir. Nous avons retrouvé sa trace peu après l'attentat du 13 novembre. Il a ensuite été localisé et neutralisé.

La difficulté à laquelle nous nous heurtons est que ces terroristes sont rompus à la clandestinité et font une utilisation très prudente, très parcimonieuse, des moyens de communication : les téléphones ne sont utilisés qu'une seule fois, les communications sont cryptées et nous ne pouvons pas toujours les décoder. De plus, pour connaître leurs projets, il faut avoir des sources humaines directement en contact avec ces terroristes : or ces réseaux sont très cloisonnés, ils peuvent recevoir des instructions de caractère général, mais avoir ensuite une certaine autonomie dans la mise en œuvre de la mission qui leur est confiée. Cet ensemble de moyens fait que, en dépit de la mobilisation des moyens humains et des sources techniques des services, un certain nombre d'individus peuvent nous échapper.

Il est toujours facile de raconter certaines choses a posteriori. Les Belges n'étaient pas censés savoir qu'Abaaoud était en Grèce et n'avaient donc pas de raison de prévenir les Grecs. Je ne fais que formuler une hypothèse, je ne sais pas ce qu'il en est réellement, mais, au moment où l'on engage une opération comme celle que les Belges ont lancée à Verviers, le nombre des interlocuteurs qu'on prévient n'est pas infini, pour d'évidentes raisons de confidentialité. Il faut toujours prendre avec précaution ce qui se dit après coup.

Nous suivons un grand nombre d'individus : nous savons qu'ils sont dangereux et que certains ont des projets – mais cela ne veut pas dire que nous serons en mesure de les déjouer. Ces individus voyagent sous de fausses identités, suivent des itinéraires extrêmement compliqués et disposent d'une certaine autonomie dans leurs agissements. Dès lors, quand bien même on sait qu'un attentat va être commis, quand bien même on connaît le nom des terroristes, on ne peut pas toujours le prévenir si l'on en ignore le lieu et la date.

Cela explique certains échecs, car les attentats du 13 novembre représentent évidemment pour moi un échec. Je l'ai dit, le rôle de mon service est de détecter et d'entraver les menaces situées à l'étranger et visant soit le territoire national – nous travaillons alors en coopération avec la DGSI –, soit nos intérêts à l'extérieur. Mais, souvent, nous détectons sans être en mesure d'entraver. Des attentats comme ceux du 13 novembre marquent bien un échec du renseignement extérieur : ils ont été planifiés à l'extérieur de nos frontières et organisés en Belgique, c'est-à-dire dans l'aire de compétence de la DGSE. Ils représentent aussi sans doute un échec pour le renseignement intérieur, dans la mesure où ils se sont produits sur notre sol, même si le commando ne disposait pas de base en France – mais d'autres schémas peuvent être envisagés, qui mettraient en jeu des cellules dormantes sur le sol français.

Après un attentat, nous faisons un retour d'expérience. On pourrait parler de faille si, en remontant le fil des événements, nous découvrions que nous disposions d'un renseignement que nous n'avons pas correctement exploité, ou qui serait passé inaperçu parmi de très nombreux autres. Nous avons accompli ce travail de manière honnête et rigoureuse, et nous n'avons pas découvert a posteriori d'éléments permettant de penser que nous aurions pu éviter ces attentats.

Cela ne veut pas dire, cependant, que nous n'avons aucune leçon à tirer des événements. Je ne vais pas vous expliquer que nous aurions pu éviter ces attentats si nous avions eu plus de moyens : nous avons ceux que nous avons demandés, même s'il faudra plusieurs années pour les mettre en œuvre. Après de tels attentats, nous nous interrogeons pour savoir ce que nous pouvons faire pour améliorer notre capacité de renseignement technique et humain, de façon à réduire la probabilité que quelque chose nous échappe. C'est ce que nous faisons tous les jours, et nous avons tiré les conséquences des attentats de janvier et novembre 2015.

Même avec les moyens dont disposent les États-Unis, nous ne ferions pas forcément mieux. Ce n'est pas une question de moyens. Simplement, nous ne sommes pas infaillibles. Le but est de réduire la probabilité que nous laissions passer un incident.

Quand des attentats ont lieu à Bamako, à Ouagadougou ou au Grand-Bassam, c'est également un sujet de grande frustration pour mon service. Nous entretenons une coopération forte avec ces pays, nous y sommes fortement implantés, nous les soutenons et les aidons. Encore ne déplorerait-on aucune victime française, des attentats y font des victimes parmi nos alliés, les affaiblissent, peuvent les déstabiliser. Notre rôle est aussi d'éviter ces attentats.

Mais il faut mettre cela en rapport avec des réussites dont, par définition, vous n'avez pas connaissance, puisqu'il s'agit d'attentats que nous avons empêchés.

Depuis janvier 2013, mon service a contribué à la conception, à la planification et à la conduite de soixante-neuf opérations d'entrave de la menace terroriste : douze ont permis d'éviter des attentats contre des intérêts français à l'étranger, six des projets d'attentats susceptibles de frapper des intérêts occidentaux – puisqu'ils n'ont pas eu lieu et que nous ne savions pas s'ils nous visaient spécifiquement, on ne peut pas savoir s'il y aurait eu des victimes françaises – et cinquante et une opérations ont eu lieu afin de réduire la menace terroriste, c'est-à-dire faire arrêter des gens, déjouer des projets ou mettre des terroristes hors d'état de nuire. Ces opérations ont eu lieu dans les régions suivantes, par ordre décroissant : l'Afrique subsaharienne, la zone afghano-pakistanaise, la corne de l'Afrique, la Syrie, l'Europe, la Libye et l'Égypte.

Pour présenter ces mêmes chiffres sous un autre angle, notre rôle a consisté à transmettre des renseignements à nos partenaires pour leur permettre de déjouer les attentats dans vingt-neuf cas, et, dans quarante opérations, nous avons directement contribué à la mise en œuvre de celles-ci. Parfois les sources étaient uniquement des sources humaines, mais, le plus souvent, les informations étaient de source humaine et technique.

Pour nous, mettre hors d'état de nuire signifie neutraliser par des arrestations ou d'autres moyens. Nous intervenons en appui des forces armées françaises et de nos partenaires de la coalition. Nous fournissons des renseignements à la coalition, notamment ce que nous appelons des points d'intérêt. Nous avons fourni, aussi bien pour l'Irak que pour la Syrie, de très nombreux points d'intérêt, qui sont ensuite exploités et complétés par la direction du renseignement militaire.

Nous avons accru le rythme et l'intensité de nos opérations, notamment celles du service action. Il est utilisé au plein de ses capacités sur ces différents théâtres. Pour en revenir aux leçons tirées des attentats, nous ne sommes pas partis de zéro. Depuis plusieurs années, tout particulièrement depuis les années 2010, la coopération avec la DCRI devenue DGSI s'est renforcée. Mais nous sommes passés à un stade supplémentaire après les attentats du mois de janvier 2015, puisque nous avons une cellule insérée à la DGSI, à Levallois, dirigée par un cadre de très haut niveau de mon service. Cette cellule, qui comporte des agents de la direction du renseignement et de la direction technique, a accès aux bases de données de mon service et peut donc fournir en temps réel à ses collègues de la DGSI tous les éléments dont ils ont besoin.

La stratégie de mon service est le renforcement de la coopération et une totale transparence avec la DGSI. Notre coopération a atteint un niveau sans précédent, mais l'objectif que je partage avec Patrick Calvar est encore plus ambitieux, car, malgré cela, des différences culturelles, des différences de méthode et d'approche subsistent. Le rapprochement des cultures ne veut d'ailleurs pas dire leur fusion : chacune d'elles a son mérite, il n'est pas souhaitable de les faire disparaître. Mais cette relation n'est pas encore arrivée à un degré d'irréversibilité. Mon but est de l'ancrer dans la durée.

La collaboration entre la DGSE et la DGSI est confortée par la cellule Allat, qui comporte, outre ces deux services, les quatre autres du premier cercle, plus deux des services dits « du deuxième cercle », à savoir le service du renseignement territorial (SRT) et la direction du renseignement de la préfecture de police de Paris (PP). À l'instar de ce que nous avons fait avec la DGSI, chacun des services participants doit avoir accès à ses bases de données. C'est la valeur ajoutée. Ces deux cellules, qui sont installées dans des lieux contigus, contribuent à donner une fluidité sans précédent aux échanges d'informations entre les services. Le risque de faille du fait d'une information qui n'aurait pas été transmise d'un service à l'autre est considérablement réduit.

Ce renforcement de la coopération est perfectible, mais il constitue une révolution silencieuse en cours, qui a plus de valeur, à mes yeux, que ces changements d'organigramme qui ont parfois les faveurs des soi-disant experts qui se répandent dans la presse.

Deuxième conséquence des attentats du 13 novembre, nous avons franchi une étape supplémentaire, en particulier sur le plan technique, en décidant d'un partage beaucoup plus systématique des données. Jusqu'à une date récente, elles étaient quasiment la propriété de chacun des services, qui ne les échangeaient qu'avec parcimonie. Nous sommes passés à un autre stade en nous appuyant sur une disposition de la loi du 24 juillet 2015, codifiée à l'article L. 863-1 du code de la sécurité intérieure, qui permet des échanges de données entre les services. Ce partage est réciproque, étant entendu que chaque service intervient dans le cadre de ses missions. Et nous restons soucieux d'éviter toute fuite de ces données : plus on échange, plus ce risque existe. Il y a donc des protections particulières.

D'autre part, mon service a la responsabilité des grands programmes techniques mutualisés. Nous avons mis au point des instruments qui sont prêts aujourd'hui, et sur le point d'être utilisés par les différents services. Ils doivent permettre une gestion beaucoup plus fluide du suivi des terroristes, et une priorisation, car, étant donné le nombre de cas que nous devons suivre, il est très important de les hiérarchiser et de savoir qui fait quoi. Nous avons élaboré ces instruments pour les mettre à la disposition des autres services.

Nous avons procédé de même avec la direction du renseignement militaire. La DRM apporte des renseignements en vue de l'attrition des groupes terroristes. Un groupe de travail s'est créé sous l'égide de la DRM, en vue du ciblage en zone Syrie-Irak, et nous y participons avec les autres groupes de la communauté du renseignement.

C'est le cas pour la Syrie et l'Irak: la marginalisation des Sunnites depuis 2003 en Irak et depuis les années soixante en Syrie fait que Daech peut s'appuyer sur des populations sunnites qui ne se sentent pas reconnues par l'État. Ce n'est pas une excuse, mais c'est la raison pour laquelle la prise de villes comme Mossoul, Raqqah ou Syrte est difficile si l'on ne résout pas d'abord les problèmes politiques.

En Irak, le problème politique n'a pas vraiment été abordé. Certes, le Premier ministre Haïder al-Abadi essaie, sans succès à ce jour, de régler la question, mais il doit faire face à des pressions internes ou externes et n'arrive pas, pour le moment, à intégrer les Sunnites au pouvoir. Quelques-uns sont présents, mais ils ne sont pas suffisamment représentatifs. Tant que ce problème ne sera pas résolu, il sera très difficile de prendre une ville sunnite comme Mossoul, car il faudra y affronter la population si les troupes engagées ne sont pas en majorité sunnite.

De même, en Syrie, le problème n'est pas seulement celui de la personne de Bachar al-Assad, mais celui de savoir si le gouvernement sera ou pas représentatif des différentes composantes de la population. Tant que ces problèmes n'auront pas été résolus, le nombre de terroristes ne cessera d'augmenter. Plusieurs centaines de Français combattent actuellement en Syrie et en Irak, mais raisonner en termes de nationalité n'a pas beaucoup de sens : il faudrait plutôt compter les francophones, et ne pas oublier que les membres du commando qui a attaqué à Paris le 13 novembre n'étaient pas tous francophones. Même si le problème était résolu sur les plans politique et militaire, il resterait cette foule de djihadistes, auxquels il faut ajouter ceux qui sont revenus de Syrie et ceux qui cherchent à s'y rendre.

La Libye représente un défi bien différent : là, il n'y a pas d'opposition entre Sunnites et Chiites, mais des problématiques tribales, qui ne sont pas moins complexes. Là aussi, nous avons besoin d'un gouvernement d'union nationale représentant l'ensemble de la Libye et il reste encore beaucoup à faire pour que ce soit le cas.

Dans ce pays, il faut surtout éviter une intervention militaire occidentale qui serait la meilleure façon d'unir tous les Libyens contre nous. Ça ne veut pas dire qu'il ne faut rien faire, mais qu'il faut agir de façon extrêmement discrète contre le terrorisme. L'action politique requiert un temps long, tandis que l'action contre le terrorisme demande un temps plus court. Pour le moment, Daech n'est pas structuré, en Libye, de façon aussi solide qu'en Syrie et en Irak. Une intervention intempestive ne pourrait que transformer la Libye en une terre de jihad plus attrayante. Quoi qu'il en soit, nous avons évidemment le souci d'éviter un transfert des combattants étrangers de la zone syro-irakienne vers la Libye.

Nous n'avons pas de contacts avec les services syriens. Les derniers petits contacts que nous avons eus remontent à octobre 2013, dans des conditions un peu rocambolesques. À ce moment, les Syriens soumettaient la reprise des relations avec les services de sécurité à des conditions politiques. J'ai le sentiment que les Syriens n'ont jamais fait de la lutte contre le terrorisme une priorité.

D'autre part, il n'y a pas de GSM dans les zones contrôlées par Daech, et je ne suis pas convaincu que les services syriens y aient tellement de sources, bien que plusieurs personnes qu'ils ont relâchées de la prison de Sednaya soient des terroristes qui ont rejoint le Jabhat al-Nosra et Daech. Enfin, je constate que ceux de nos partenaires européens qui ont des contacts avec eux ne paraissent pas en tirer des renseignements bien extraordinaires.

Il ne faut jamais dire jamais, mais nous avons des doutes sur l'intérêt de tels contacts en termes de renseignement : il faudrait d'ailleurs connaître, au préalable, les contreparties politiques qui nous seraient demandées, car de tels contacts seraient forcément instrumentalisés par le régime.

Quant à la fermeture de l'ambassade, elle n'a pas eu d'impact en termes de renseignement. Renseignement humain et renseignement technique vont toujours de pair, et il faut s'assurer que le renseignement humain est toujours au niveau. Le renseignement technique est surabondant, mais ce serait une erreur de tout lui sacrifier. J'ai le souci de promouvoir le renseignement humain, au même titre que le renseignement technique.

Nous coopérons avec les Russes de façon tout à fait concrète. Il est vrai qu'Abaaoud était un coordonnateur, mais pas le commanditaire. Nous connaissons le commanditaire, mais je resterai discret sur ce point. Nous avons maintenant une bonne connaissance de l'organigramme et de la façon dont s'organise le soi-disant État islamique, qui n'est pas un État, et qui est encore moins islamique. Nous avons bien progressé sur ces sujets, nous avons donc une idée de l'identité du commanditaire.

Même si le substrat chiite-sunnite alimente la guerre, il n'en est pas la cause. Il y a deux organisations terroristes rivales. L'une, Daech, a actuellement le vent en poupe, mais il ne faut pas négliger le réseau Al-Qaïda, qui reste dangereux, comme on le voit au Yémen, qui est présent en Syrie et, fortement, au Sahel. Al-Qaïda dans la péninsule arabique (AQPA) a même des velléités territoriales, puisque le groupe contrôlait quasiment Al Moukalla, dont il a été chassé – sans combattre – par la coalition arabe, avant de s'installer ailleurs. D'autres franchises d'Al-Qaïda ont la volonté d'établir des *bases territoriales, mais cela ne s'est pas concrétisé pour le moment.*

L'objectif de ces groupes est la guerre globale, l'établissement de la charia sur l'ensemble du monde. Ils cherchent à créer des clivages dans nos sociétés, et donc à déstabiliser la démocratie, qui est leur véritable ennemi. La France est particulièrement visée, pour deux raisons. Tout d'abord, elle est au combat, là où d'autres ont baissé les bras : elle lutte contre le terrorisme en Syrie, en Irak et ailleurs, dans la bande saharo-sahélienne ; elle a empêché le basculement du Mali et sans doute d'autres pays. C'est pour cela que nous sommes dans le peloton de tête des ennemis de cette organisation. L'autre raison est l'influence de la composante francophone, qui agit depuis la Syrie. Ce qui est vrai pour Daech l'est également pour AQPA.

Si vous regardez qui combat en Europe et qui ne combat pas, vous noterez que la France a une position plus engagée que d'autres. Les Américains sont engagés, on ne peut pas le nier, même si la période particulière qu'ils connaissent sur le plan intérieur a une influence sur leur diplomatie et la conduite de certaines affaires.

Nous comptons 600 Français combattant en Syrie pour les djihadistes. Mais il faut élargir ce chiffre pour y intégrer tous les francophones, tenir compte de ceux qui sont déjà revenus et de ceux qui voudraient bien partir.

Daech est une organisation relativement structurée, mais les groupes gardent une certaine autonomie. Nous avons assez bien identifié des katibat, avec des regroupements qui peuvent se faire par nationalité ou par affinité.

Un noyau était actif dès les années 1990, avec le Groupe islamiquearmé (GIA) algérien, le Groupe islamique combattant marocain (GICM) ou le Groupe islamique combattant en Libye (GICL). Des gens qui avaient combattu en Afghanistan jouaient un rôle assez important dans ces groupes. La nouvelle génération, qui part faire le jihad pour des raisons variées, est encadrée par ces personnes plus aguerries qui ont toute une histoire dans le jihad.

S'agissant de l'impression d'hégémonisme de l'Iran, elle tient aussi au fait que, en 2003, le renversement de situation en Irak a considérablement accru l'influence iranienne, au moment où les grands leaders traditionnels du monde arabe s'affaiblissaient : la Syrie est dans l'état que vous connaissez, nous venons de parler de l'Irak, et l'Égypte a connu une situation qui l'a marginalisée à un moment. La situation est donc non seulement due à l'Iran, mais aussi à de grands pays arabes.

Quand bien même Daech aura été vaincu sur le plan militaire, les services de renseignement savent que la menace subsistera pendant plusieurs années.

Le nombre des individus concernés est significatif. N'oublions pas que, pendant toute la guerre d'Afghanistan, il n'y a eu que quelques dizaines – peut-être quarante – djihadistes français. Nous en sommes à plusieurs centaines de Français, auxquels il faut ajouter les francophones, les Tunisiens, les Marocains, et ceux que nous ne connaissons pas.

La question de la résilience de la société française se pose. Cela me rappelle les «années de plomb» qu'ont connues des pays tels que l'Italie, dans des conditions certes complètement différentes. Il faut que la France s'arme, moralement d'abord, pour pouvoir mener cette lutte de très longue haleine.»

L'avenir

Les orientations du combat militaire contre l'EI s'inscrivent dans le cadre d'une réforme plus large de la DGSE. Son patron, le diplomate Bernard Bajolet, 67 ans en mai, que François Hollande a prolongé à son poste jusqu'en 2017 au-delà de la limite d'âge, espère mettre en œuvre un «plan stratégique» à l'horizon 2025.

La réforme comprend une forte augmentation des effectifs (850 recrutements d'ici à 2019 pour atteindre 7000 agents), des partenariats avec les Européens, un renforcement du renseignement humain pour suivre l'explosion du renseignement technique acquis par les services secrets ces dernières années.

Face à l'EI, tous les moyens sont employés, et la France est également présente dans le ciel libyen avec des outils conventionnels sur lesquels le ministère de la défense ne communique pas. Engagées depuis la mi-novembre 2015 par des avions de chasse et de reconnaissance, les opérations d'ISR (intelligence, surveillance, reconnaissance) continuent. Des sources militaires évoquent la nécessité de «préparer l'avenir» pour d'éventuelles actions plus larges, même si cet horizon reste peu clair.

Pour l'heure, il s'agit de garantir au président la politique du hit and run («frappe et fuis»): disposer d'un renseignement complet à jour, afin de pouvoir frapper dès que se présente l'opportunité de «neutraliser» un cadre connu de l'EI ou de casser un projet d'attentat menaçant la France.

Chapitre 2

Salafisme

Le mot salaf désigne les *«pieux prédécesseurs»*, soit les premières générations de compagnons du prophète Mohammed. Le «minhaj», ou voie salafiste, vise d'abord à imiter le prophète de l'islam, jusqu'à reproduire son mode de vie sur le plan vestimentaire ou alimentaire.

Né en Arabie saoudite sous la forme du wahhabisme, le salafisme s'est diffusé partout dans le monde et présente désormais bien d'autres visages, y compris celui du djihadisme. Tous se caractérisent par l'extrême simplicité du message : « *quelques règles de vie, aucune réflexion, une sorte de kit de survie en milieu sécularisé* », résume l'historien Rachid Benzine.

Quelles que soient ses formes, le salafisme se distingue également par un discours de rupture, plus ou moins exclusiviste, et parfois violent. Rachid Benzine distingue cinq niveaux d'adhésion : « *Il y a d'abord le "nous", ensuite le "eux", puis ce "eux" qui devient méprisable avant d'être un danger symbolique et, enfin, physique* », justifiant alors le passage à l'acte violent.

Le salafisme a des origines saoudiennes, c'est ce qu'on appelle le courant wahhabite, qui a construit toute sa légitimité sur cette idéologie. Mais aujourd'hui, les autorités saoudiennes commencent à comprendre que cette mouvance, qui est un lobby très puissant sur son territoire, représente une menace sur son territoire aussi bien politique qu'économique.

Grâce à ses pétro-dollars et ses universités accueillant des étudiants du monde entier, le wahhabisme a indubitablement changé la donne au sein du monde musulman. Alors qu'il était considéré à ses débuts comme une hérésie par les différentes instances du monde sunnite, il cherche à s'imposer aujourd'hui comme l'orthodoxie et est un candidat sérieux à ce titre aux yeux de nombreux musulmans, même lorsqu'ils n'y adhèrent pas. Le salafisme est loin d'avoir gagné la bataille. Mais c'est vrai qu'il est de plus en plus efficace sur le terrain, et sa force est d'être porté par des jeunes...

Et, en parallèle, une propagande salafiste soutenue par cet Etat menace l'intégrité de l'Occident et de la France en particulier. Il est difficile de faire un lien direct entre salafisme et terrorisme car, les salafistes ne se revendiquent pas terroristes mais en contrepartie, on entend souvent un discours de désaveux de la société, un isolement, un repli identitaire qui peut favoriser cette haine. Et d'ailleurs, ils appellent à la haine de l'Occident et à la mécréance de ce qui n'est pas l'islam. Les salafistes ont donc, un discours extrêmement rigoriste qui peut encourager les jeunes à plonger dans le terrorisme. Pour eux, il faut s'asseoir sur la démocratie, la laïcité c'est de la mécréance et ils ne veulent pas de valeurs républicaines

Ex-URSS

La guerre en Afghanistan (1980-1988) a entrainé la disparition de la frontière entre l'URSS et l'Afghanistan. L'Union soviétique a envoyé sur le terrain beaucoup de musulmans, pour servir d'interprètes. Il y a eu des Tadjiks et des Ouzbeks notamment, parce que les langues parlées sont l'ouzbek et le persan en Afghanistan. Ils ont envoyé des musulmans soviétiques comme agents de renseignements, comme officiers politiques. Inversement, les Soviétiques ont fait venir des Afghans en Union soviétique.

Les moudjahidines ont fait passer beaucoup de livres. Certains de ces livres étaient des livres salafistes traduits en russe pour qu'ils puisse toucher une plus large population. Quant aux anciens combattants qui sont revenus du front, ils ont raconté ce qu'ils ont vu. Les Tadjiks et les Ouzbeks ont été très impressionnés par les moudjahidines afghans, ils ont noué des sympathies. Même s'il n'y a pas eu de désertions de militaire russes, beaucoup de soldats se sont avoués impressionnés par les moudjahidines.

Ensuite, au moment de l'effondrement du bloc soviétique, la frontière est devenue très facile à franchir depuis l'Afghanistan. La création du Parti de la renaissance islamique en Asie Centrale a conduit à une guerre civile au Tadjikistan et a des répressions en Ouzbékistan. Leurs différents membres sont donc repassés en Afghanistan pour se réfugier. Ils se sont associés aux talibans et le résultat est la naissance de réseaux internationaux que l'on voit aujourd'hui en Syrie. Des militants islamiques soviétiques sont allés faire le djihad global. Ces mouvements ont commencé dès 1992,1993.

A partir de là, on a assisté à l'avènement d'un islam radical de la Tchétchénie au Tadjikistan, un islam dit "djihadique". Cet islam s'est nationalisé en Union soviétique et ça a donné la guerre d'indépendance de la Tchétchénie qui n'était pas islamique au départ, juste d'indépendance. La vie tchétchène s'est islamisée. La résistance a été essentiellement islamique. C'est la même chose au Daghestan et au Tadjikistan. Il s'agit d'un mouvement générationnel avec des jeunes. Les musulmans plus âgés sont restés dans les structures tribales, ethniques et traditionnelles. On a affaire à une génération de jeunes djihadistes globalisée.

Les djihadistes ont été violemment réprimés dans tous l'ancien espace soviétique et particulièrement en Tchétchénie. Ce qui se passe en Tchétchénie est très clair. Vladimir Poutine a réussi un coup de génie. Il a nationalisé la répression des musulmans. Ce n'est pas la Russie qui réprime les djihadistes, mais c'est Ramzan Kadirov, le président tchétchène qui les réprime. Cela est un coup de génie de Poutine parce que cela évite à la Russie de connaître un syndrome colonial.

Des milliers de jeunes ex-Soviétiques se retrouvent sur le marché global de Daesh. Les Russes sont très rarement Russes mais des jeunes issus de ces Républiques indépendantes qui ont été convertis par le groupe terroriste et peuvent utiliser le russe qui est leur langue commune pour communiquer. Quand un Tadjik, un Daghestanais ou un Tchétchène se rencontrent, leur seul moyen de communiquer est de parler russe. Le paradoxe, c'est que cette diaspora djihadique est russophone. Les bataillons russophones de Daesh sont composés de ces jeunes des périphéries musulmanes, en plus des convertis de l'ex-Union soviétique.

Tous les mouvements sécessionnistes comme la Tchétchénie ou les mouvements d'islamisation comme au Tadjikistan ont échoué. Les raisons qui ont poussé les jeunes à rejoindre ces mouvements sont toujours là. On a donc des milliers de jeunes de ces pays qui sont sur le marché. Ils ne peuvent pas trouver d'exutoire à leurs revendications dans l'espace ex-soviétique, donc ils s'exportent en Syrie, en Irak.

Ce sont des jeunes aguerris, prêts au combat, qui n'ont rien à perdre. S'ils reviennent, ils seront tués. Les meilleurs combattants de Daesh viennent des ex-républiques soviétiques. L'un des exemples les plus connu est celui d'Abou Omar al-Chichani, le tchétchène en arabe qui a été tué en juillet dernier en Irak. Il était orthodoxe à l'origine. Ces jeunes radicalisés comme lui n'ont plus aucun espoir de faire quoi que ce soit dans leur pays d'origine. Ils se sont donc exilés.

Que ce soit pour la Russie, le Daghestan, la Tchétchénie ou pour les Républiques indépendantes, la réponse apportée est la répression. Pour les gouvernements de ces pays, il n'y a rien à faire. Si ces gens-là reviennent, ils sont morts. Soit ils croupissent dans une prison, ou alors il se font tuer dans des affrontements avec la police. Cela pose le problème de savoir comment les gouvernements font en Occident. La question est de savoir quelle est la différence entre l'Occident et l'ancien système soviétique sur la gestion de ce problème. La Russie ne fait aucun cadeau à ces jeunes radicalisés. Mais cela reste avant toute chose un phénomène générationnel, comme en Europe. Au Daghestan, les gens parlent des jeunes. Cette gestion de ces jeunes ne se transformera de fait pas en guerre civile pour autant. Mais le traitement se fait dans la violence parce que ce ne sont pas des Etats de droit dont on parle: ce sont des dictatures qui ont des tradition de violence.

France

Après chaque attentat, le gouvernement pointe du doigt la frange salafiste de l'islam. «*Oui, nous avons un ennemi, et il faut le nommer: c'est l'islamisme radical. Et un des éléments de l'islamisme radical, c'est le salafisme*», a lancé Manuel Valls lors d'une séance de questions à l'Assemblée nationale, après la décapitation d'Hervé Cornara par Yassin Salhi à Saint-Quentin-Fallavier, en Isère.

Présent en France depuis les années 1980 par le biais de la Ligue islamique mondiale, organisme basé à La Mecque et financé par le royaume saoudien, le salafisme wahhabite est un phénomène difficilement quantifiable. «*Les services essaient de dénombrer les mosquées et salles de prière créées par des groupes salafistes, ou "déstabilisées" par eux après qu'ils ont renversé l'ancienne équipe dirigeante, ou encore "déstabilisables" et à ce titre surveillées par les renseignements territoriaux*», explique un bon connaisseur de l'islam de France. Elles seraient environ 140 actuellement - le chiffre est très fluctuant – sur un total de 2 500 mosquées.

S'y ajoutent des écoles, souvent primaires, hors contrat, mais aussi des instituts privés d'enseignement de l'arabe et du Coran, des associations de soutien scolaire ou sportives. Des prédicateurs populaires – comme Nader Abou Anas, fondateur de l'association D'Clic, spécialisée dans la «da'wa», la prédication, se chargent également de diffuser la voie salafiste dans les mosquées ou sur Internet.

"*Les salafistes doivent représenter 1 % aujourd'hui des musulmans dans notre pays, mais avec leurs messages sur les réseaux sociaux, il n'y a qu'eux finalement qu'on entend*», a affirmé Manuel Valls en conclusion d'un colloque organisé à Paris par différents «think tanks» français et européens en réponse aux attentats de 2015. «*Il y a une forme de minorité agissante, des groupes* (salafistes) *qui sont en train de gagner la bataille idéologique et culturelle*», a-t-il ajouté.

Une partie de ces organismes fonctionnent en réseaux («salafis de l'Est», «salafis du Sud»). « *Mais ce qui progresse le plus vite, c'est cette sphère de "salafisants", composée de gens qui ne sont affiliés à rien mais qui n'en tiennent pas moins le même discours exclusiviste, refusant le contact avec les "kouffars"*», constate Bernard Godard, ancien membre du bureau des cultes au ministère de l'intérieur et auteur de *La question musulmane en*

France (Fayard, 2015). Des associations humanitaires, comme Baraka City, ou consuméristes, comme Al Kanz, sont considérées par plusieurs spécialistes comme proches de cette mouvance.

Ce processus n'a toutefois rien d'automatique. Après les attentats du 13 novembre 2015, un groupe de « *prédicateurs salafis francophones* », imams ou conférenciers de Marseille, Toulouse ou Birmingham (Grande-Bretagne) a « *condamné fermement ces actes abominables* ». « *On compte 13 mosquées salafistes à Marseille et assez peu de départs pour la Syrie* », relève également un spécialiste. En revanche, à Sevran (Seine-Saint-Denis) comme à Lunel (Hérault), des groupes salafistes ont servi de relais pour encourager des jeunes à rejoindre les rangs de Daech. Reste aussi cette volonté des salafistes - a minima – de vivre entre eux, voire de rejeter tout contact avec la société « mécréante » environnante.

L'expansion en France du courant salafiste, qui plonge ses racines en Arabie saoudite, se fait sentir depuis la fin des années 1990. Adeptes d'une lecture littéraliste du Coran et d'une pratique rigoriste qui s'inspire des premières générations de l'islam, ces croyants se tenaient à l'origine à l'écart de la cité, y compris à l'écart de l'islam des mosquées lié aux traditions du Maghreb.

Face à cette présence de plus en plus affichée dans les structures existantes, le gouvernement a annoncé son intention de fermer les lieux de culte ou de dissoudre les associations qui «s'en prennent aux valeurs de la République ». Ce faisant, il semble jeter une même suspicion sur l'ensemble du courant salafiste, accusé de faire le lit du radicalisme. Or, soulignent les spécialistes, la majorité d'entre eux sont «quiétistes», animés par des préoccupations religieuses et hostiles à toute implication dans la vie sociale et politique. «Ils sont très critiques envers les djihadistes car ils les accusent de mélanger religion et politique», explique Samir Amghar, chercheur à l'Université libre de Bruxelles.

Cependant, les différentes familles du salafisme ont en partage des références idéologiques, un imaginaire religieux. Dans les années 1990, il pouvait y avoir une forme de continuum. Mais lorsqu'au début des années 2000, l'Arabie saoudite s'est clairement opposé au djihadisme, cette relation mécanique n'a plus existé. Les observations de terrain montrent qu'il n'y a pas de relation de causalité. Cela n'empêche pas qu'un quiétiste puisse basculer dans la violence par déception envers le manque d'action politique.

"Une minorité de salafistes est en train de gagner la bataille idéologique et culturelle de l'islam de France. Il n'y a qu'eux qu'on entend. Le salafisme peut amener à l'islamisme radical et au terrorisme", a déclaré Manuel Valls en clôture de la journée de conférences et de débats sur l'islam et la récupération politique en Europe. Les salafistes ne représentent qu'un pour cent des musulmans de France et pourtant, selon Manuel Valls, on entendrait qu'eux. Sur le net, beaucoup de vidéos sont publiées par des prédicateurs

salafistes, ce qu'il fait qu'ils sont vraiment numéro 1 sur ce média.

Depuis quelques années leur pression se fait sentir dans les lieux de culte traditionnels. Azzedine Gaci, le recteur de la mosquée de Villeurbanne, date leur intérêt nouveau «du printemps arabe». «*Avant, les responsabilités, ça ne les intéressait pas, relève-t-il. Maintenant, si. Jamais ils ne participent à la construction d'une mosquée, mais une fois qu'elle existe, ils arrivent.*»

Ils commencent généralement par prendre pour cible l'imam. «*Ils critiquent son discours, ses vêtements, ses idées, sa façon de diriger la prière… Ils essaient de le déstabiliser*», décrit le responsable rhônalpin. Leur offensive prospère si «*la mosquée n'est pas bien gérée, si elle n'a pas beaucoup d'activité, si ses dirigeants sont peu identifiés ou n'assument pas leurs responsabilités*». Elle prend bien souvent les responsables en place au dépourvu. La plupart du temps, les membres de l'association culturelle, qui dirige le lieu de prière, évitent d'ébruiter leurs difficultés. Parfois ils tentent de s'accommoder avec ces groupes d'hommes souvent plus jeunes et plus présents, en leur concédant l'accès aux locaux pour des activités de prédication ou autres.

«*Certains ont peur d'une fermeture du lieux de culte en cas de querelle publique, d'autres, par crainte de la fitna [division], s'efforcent d'atténuer les conflits en espérant que cela aille mieux*», observe Haoues Seniguer, chercheur au Groupe de recherches et d'études sur la Méditerranée et le Moyen-Orient. Ils ont en tout cas peu de recours possibles pour les aider. « *Les instances musulmanes ne sont pas capables de gérer ces problèmes. Et certains politiques, certaines municipalités ne sont pas clairs dans leur façon de réagir. Beaucoup d'associations ont pignon sur rue sans avoir d'autorisation. Ce n'est pas normal* », accuse Azzedine Gaci

Les revenants

Selon les chiffres officiels, environ 1.100 Français sont partis en Syrie depuis 2012, souvent en famille. Dans la série de portraits proposée par David Thomson, journaliste pour RFI, on passe rapidement sur Bilel, premier Français poursuivi en Turquie pour des actes de terrorisme et encore emprisonné sur place, un "naïf" assumé. Caché dans le livre derrière un pseudonyme, il raconte son retour volontaire de Syrie. "*Le déclic, dit-il, c'était les attentats de Paris*". Il assure qu'il n'"*était pas venu pour cela*". Il y a une part de candeur chez ce jeune homme parti la fleur au fusil et marié à une femme "*rencontrée via Facebook qu'il a fait venir de France*", avant de lui faire un enfant sur place.

Il ne voulait pas combattre mais il s'est proposé comme chauffeur de l'organisation Etat islamique quand on en a recherché. Ses nuances de regrets s'expriment sur un registre surprenant : "*Moi, je ne suis pas venu pour imposer la charia. Je suis venu pour vivre sous la charia.*" C'est sa prise de conscience qui l'a conduit à revenir, en appelant les autorités consulaires françaises pour organiser sa capitulation.

Figurent aussi, dans ce cortège, les jeunes gens blessés après quelques semaines dans un pays en guerre, qui détaillent leur fuite en arrière. La surprise est d'apprendre que l'EI compte une bureaucratie telle, qu'elle délivre des laissez-passer aux candidats au départ afin de lutter contre les désertions de plus en plus nombreuses. 250 Français déçus du djihadisme ont déjà fait le chemin inverse. Soit un sur quatre.

A leur retour, certains font plus pitié que peur, à l'instar de ce jeune homme qui tente de faire croire aux services de renseignement qu'il était en Turquie pour les vacances, qu'il s'est endormi dans un taxi et s'est retrouvé en Syrie. D'autres laissent un goût amer à la lecture de leur parcours. C'est le cas de celui-ci, revenu, "judiciarisé" et qui, de retour aujourd'hui dans sa famille et rendu à sa solitude, traîne devant ses écrans à l'affût de la moindre information sur la Syrie. Le hasard veut qu'il croise, à Paris, en plein quartier de Belleville, un réfugié syrien qu'il avait rencontré deux ans auparavant en pleine guerre.

D'autres, femmes comme hommes, ne sont pas revenus. "Je suis un simple soldat", proclame Abou, ancien petit dealer de shit du 93 installé en Syrie, précisant qu'il est décidé à rester et veut "tout exploser", "femmes, enfants, chats, chiens, chameaux et économie du tourisme". Ses héros sont tous ceux qui sont passés à l'action en France, notamment Rachid Kassim et inspirateur présumé de plusieurs attentats en France.

Dans son discours de jeune homme passé par les collèges et les lycées de la région parisienne, se lit un sentiment confus mais explosif : "*Il dit à la fois détester la France mais ne pas en vouloir aux Français, qu'il appelle pourtant à tuer*", écrit David Thomson. La dimension psychiatrique n'est pas loin, même si l'auteur considère ce prisme peu convaincant.

Il prévient en ouverture de son livre : "*Ces milieux sont quasiment toujours traités par la lucarne de sources secondaires, émanant des services de police ou de justice : PV de garde à vue, ordonnances de renvoi, écoutes téléphoniques, etc... Considérant ce prisme comme indispensable et biaisé, j'ai fait le choix dès le départ de me couper de ce type de sources pour ne travailler qu'à partir de sources primaires, les djihadistes eux-mêmes.*"

Chapitre 3

Afganistan

La DGSE française a jadis soutenu le commandant Massoud, assassiné le 9 septembre 2001 dans une opération-suicide qui apparaît désormais comme le prélude à l'attaque menée deux jours plus tard contre les Etats-Unis. Le soutien secret de la France à la résistance afghane a commencé à la fin des années 70, lorsqu'il s'agissait de lutter contre le régime prosoviétique. La DGSE a alors contribué à la formation des hommes de deux groupes de résistance, l'un dirigé par Amine Wardak, l'autre par Massoud. Plusieurs dizaines de leurs cadres militaires sont venus se former secrètement en France, notamment au Centre d'instruction des réserves parachutistes de Cercottes (Loiret), la base du Service Action.

Un officier qui fut leur instructeur durant des années se souvient de ces hommes: «C'étaient des bons. Disciplinés et touchant dans leur amitié pour la France. Formés au lycée français de Kaboul, plusieurs de leurs officiers parlaient bien notre langue.» En France, les hommes du Service Action forment ces combattants au maniement des armes antichars, des appareils modernes de communication, mais les aident également à organiser leurs mouvements. L'officier poursuit : «Certains d'entre eux voulaient fuir leur pays. Nous les avons incités à y demeurer, mais surtout à maintenir la population sur place. Ils n'auraient pas pu, sans elle, poursuivre leur combat. Nous les avons, par exemple, aidés à mettre en place une infrastructure, à construire des hôpitaux souterrains pour résister aux bombardements. »

La DGSE dispose alors au Pakistan, à Peshawar, d'une base opérationnelle qui reçoit notamment les armements livrés à la résistance par la France. Des avions apportent essentiellement des mortiers, des missiles Milan antichars, des moyens de communication. Une demi-douzaine d'agents de la DGSE sont présents en permanence auprès de Massoud pour assurer les liaisons, les communications, la formation. Et réceptionner les armements arrivant de Peshawar par les pistes, les Pakistanais fermant les yeux.

Les Français participent également aux combats contre les Russes, mais pas en première ligne : «Nous ne pouvons courir le risque que l'un de nous soit pris», confie un homme ayant participé à ces actions. Qui ajoute : *«On a vu dans ces combats que les Russes étaient nuls à un point inimaginable. Ils tendaient des embuscades que nous repérions aussitôt, dans des gorges que nous franchissions dès qu'ils étaient partis!».*

Les Américains et les Saoudiens soutiennent pour leur part le fondamentaliste Gulbuddin Hekmatyar, avec les conséquences que l'on sait. L'aide française à Massoud cesse au moment de la chute du régime prosoviétique. Chez les cadres de la DGSE qui sont allés sur le terrain, c'est la stupéfaction. L'un d'entre eux laisse échapper sa colère : *« Scandaleux ! On l'a laissé tomber, alors qu'il nous avait aidés, qu'il aurait pu, avec notre aide, faire un mal terrible aux taliban.*

Ainsi, les jeunes gens engagés dans les premières organisations humanitaires qui opèrent en territoire afghan ne sont pas de belles âmes apolitiques mais au contraire des militants engagés dans la lutte contre l'impérialisme soviétique. Ils n'ont pas pris les armes, mais ils aident concrètement les moudjahiddines au péril de leur vie. Pendant vingt ans, l'humble action des *French doctors* vaudra à la France un immense prestige car c'étaient les seuls étrangers qui affrontaient la prison et la mort de manière totalement désintéressée.

En Afghanistan, l'action de la DGSE n'a pas toujours été cohérente, mais au temps de la guerre contre les Soviétiques les missions d'appui aux moudjahiddines ont été efficacement menées et contribueront à renforcer l'amitié des combattants pour notre pays

Le portrait d'Ahmad Shah Massoud est quant à lui remarquablement précis et nuancé. Tous ceux qui ont rencontré le célèbre commandant pandjhiri ont été saisis par son charisme et admiraient ses qualités de chef de guerre. Mais ce fondamentaliste croyait que l'islam assurerait le salut de son pays après la défaite de l'Armée soviétique: sans projet politique, il s'opposa longtemps au retour du roi Zaher Shah. Dans la guerre civile qui s'est conclue par la victoire des Talibans, la responsabilité du Lion du Panjshir est certaine.

Le Service Action, en liaison avec le Jamiat, l'une des trois composantes de la résistance afghane, met en place un réseau de renseignement, d'action et de propagande pouvant pénétrer les républiques musulmanes d'URSS et former des commandants d'unité. Il soutient l'action du groupe placé sous l'autorité du Pr Rabbani. Le Service Action entraîne les principaux adjoints d'Amin Wardak.

Non seulement les Français ont fourni armes, équipements, argent, entraînement aux Afghans, mais des agents de la DGSE ont en outre pénétré à partir de l'Afghanistan dans les Républiques musulmanes d'URSS pour y recueillir du renseignement militaire ou mener des opérations de déstabilisation.

Des centaines de Français s'engagèrent clandestinement au côté des Afghans, entre 1979 et 2001 notamment dans la lutte contre les Soviétiques. Les humanitaires et différentes individualités, à l'oeuvre dès les premières semaines ayant suivi l'invasion soviétique de 1979. La DGSE n'a développé ses activités que très progressivement, à partir de l'ouverture de son poste à Islamabad (Pakistan) à la fin 1980. La France a été représentée à Kaboul sous tous les régimes, grâce au dévouement et au courage de ses chargés d'affaires.

Les chiffres sur la période 1979-2001 sont de plusieurs centaines d'humanitaires – MSF, Médecins du monde, Solidarités, Afrane, Avicen – pour une cinquantaine d'officiers de la DGSE et une dizaine de diplomates. Il y eut ceux qui, ayant connu l'Afghanistan avant l'avènement des communistes, ne pouvaient souffrir de le laisser tomber: ce fut majoritairement le cas d'anciens coopérants et de diplomates passés par le pays dans les années 1970. Il y eut ensuite les médecins, les infirmières, les chirurgiens: tentés par l'expérience humanitaire après le Biafra et le Cambodge, ils se portèrent volontaires. On vit aussi partir des jeunes, par esprit d'aventure, par empathie avec un peuple opprimé, par anticommunisme.

Valéry Giscard d'Estaing fut le seul à déclarer, publiquement, que la France ne soutiendrait pas ce qu'il appelait alors, non pas la "résistance", mais la "rébellion" afghane. L'arrivée de François Mitterrand apporta beaucoup d'espoirs d'autant qu'il avait promis une politique de fermeté vis-à-vis de l'URSS. L'activité sur place de la DGSE ne prit son véritable essor que dans les années 1990 mais elle le dut plus à la ténacité de ses officiers en charge du dossier qu'à des instructions politiques. De 1989, départ des Soviétiques, à 2001, l'Afghanistan resta dans l'indifférence.

Les ONG ont bénéficié de maigres subsides publics. L'essentiel de leurs finances est venu de Washington quand le Congrès américain décida, au milieu des années 1980, de débloquer une aide massive aux moudjahidin, dont la livraison de missiles sol-air Stinger est le volet le plus connu. Les humanitaires français reçurent en tout plusieurs millions de dollars pour la bonne raison que pratiquement personne d'autre qu'eux n'osait pénétrer en territoire afghan. Du côté de la DGSE, les opérations ayant été mineures dans les années 1980 – formation des moudjahidin essentiellement – leur budget ne fut pas excessif. Les montages opérés dans les années 1990 ont été plus ambitieux, mais sans flamber car, une fois encore, l'Afghanistan n'était pas perçu comme une priorité.

Ce qui intéressait les services n'était pas en soi l'Afghanistan, mais ce qu'y faisaient les Soviétiques. Dès lors, ils se devaient de disposer de "capteurs" placés au mieux, pour scruter leurs forces et leurs faiblesses. Les budgets limités imposaient aussi un choix parmi les commandants à soutenir, avec pour critères leur influence locale, l'accessibilité de leur zone, mais aussi le bon vouloir des services pakistanais qui ont toujours tout régenté dans la zone, y compris avec la CIA. D'emblée, les fondamentalistes comme Hekmatyar furent écartés.

Amin Wardak fut le premier à être approché car il était pachtoun, d'une belle intelligence. Sa région était proche de la frontière et il parlait parfaitement le français. Massoud n' a été retenu que plus tard, au vu de ses nombreuses batailles remportées contre les Soviétiques, de la valeur stratégique du Panshir, mais aussi de son indéniable charisme et de sa francophilie.

Il n'y en eut qu'une poignée des Français – citons le cas du plus célèbre d'entre eux, l'écrivain aventurier Patrice Franceschi – et aucun membre de la DGSE. Toutefois, les commandants afghans ne réclamaient pas des soldats, ils en avaient pléthore. Ils voulaient des armes, un soutien médical et financier, une reconnaissance internationale.

Pendant toute la période du djihad antisoviétique, les Français étant pratiquement les seuls à partager leur quotidien, les Afghans appelaient "French Doctor" tout Occidental croisant leur route. Les centaines de milliers d'Afghans ayant profité de l'aide médicale, éducative, agricole des ONG françaises leur en sont redevables. Même si Massoud se plaignait de l'insuffisance de l'aide de la France – c'est le lot de tous les chefs de guérilla – il était fier de pouvoir la revendiquer, grâce aux officiers de la DGSE qui se sont relayés à ses côtés pendant plus de dix ans.

Les services français sont évidemment présents en Afghanistan, mais la donne a changé. Autrefois, ils avaient à faire face à une guerre civile, dont ils avaient habilement approché les deux principaux acteurs, Massoud et les talibans. Ils doivent désormais composer avec une guerre d'insurrection dont les troupes françaises sont partie prenante. Une grande part du travail de renseignement est donc vraisemblablement orientée vers la région de Kapisa- Surobi.

Amin Wardak

Amin Wardak a été un commandant moudjahid de la vallée du Wardak. Il a combattu les soldats soviétiques, puis a quitté son pays en 1995, en pleine guerre civile. Il nourrit toujours un fort ressentiment contre le commandant Massoud et d'autres chefs de guerre, qui se sont déchirés et ont détruit Kaboul. Il précise juste : «*Si Massoud et les autres avaient su gouverner, les talibans ne seraient pas là.*» Aujourd'hui, il est toujours dans sa boutique. Il est retourné deux fois en Afghanistan pour la remplir. Il a salué les nouveaux officiels, mais reste à l'écart du processus de reconstruction politique.

«Les médias ont tout simplifié, ont laissé croire que tous les maux venaient des talibans, mais l'Afghanistan d'aujourd'hui est retourné à la situation de 1992. Regardez, les tchadris sont toujours là. En six mois, deux ministres sont morts. On redonne le pouvoir à ceux qui ont détruit Kaboul. A des voleurs, à des bandits. Et, pendant ce temps, les Etats-Unis contrôlent tout. Al-Qaeda n'existe plus certes, mais ils continuent de bombarder, leurs bombes tombent sur des civils, surtout dans les régions pashtounes. Toutes ces années de guerre pour en arriver là... !».

Bosnie

L'un des gardes du corps de Rodavan Karadzic, le dirigeant des Serbes de Bosnie au début des années 90, était un agent des services de renseignement français, a raconté le général Jean Heinrich, ancien de la DGSE et de la DRM puis commandant adjoint des forces de l'Otan (Ifor) en Bosnie, lors d'un colloque sur François Mitterrand et la Défense.

L'officier, aujourd'hui à la retraite, a reconnu qu'à l'époque où il était en activité, les criminels de guerre inculpés par le TPI de La Haye n'étaient pas vraiment recherchés par l'Otan - et donc par l'armée française. Ce n'est qu'à la fin des années 90 que la traque est devenue une priorité. *«Nous savions en permanence où était Karadzic»* a reconnu le général Jean Heinrich - ce qui, de son aveu même, n'était pas le cas pour l'autre responsable des Serbes de Bosnie, le général Mladic.

Une note du général Rondot, datée du 17 mars 2005, est adressée au chef d'état-major particulier du président, le général Georgelin, avec copie au ministre de la défense de l'époque, Michèle Alliot-Marie. Ce document atteste formellement des liens qu'ont entretenus les services secrets de la DGSE avec les forces croates dès 1991, puis de 2000 jusqu'en 2005, avec des criminels de guerre recherchés par le TPIY.

Dans ses annotations, le général Rondot révèle en particulier comment la DGSE est restée en contact avec le général croate Ante Gotovina, inculpé et recherché par le TPIY, tout au long d'une cavale qui s'est poursuivie de 2001 à 2005.

Plus largement, le général expose comment les services de renseignements français ont suivi de près tous les dossiers concernant les criminels de guerre. Ils n'ont livré qu'au compte-gouttes des informations à la justice internationale, avec une ligne directrice : protéger leurs collaborateurs et leurs   partenaires,   même   quand   ceux-ci   étaient   inculpés.

Dans les carnets, les mentions concernant les inculpés du TPIY reviennent presque chaque jour. Qu'il s'agisse de Mladić, de Karadžić, arrêté à Belgrade en juillet 2008, ou encore de Goran Hadžić (ancien président de la République serbe de Krajina accusé en 2004 de crimes de guerre et crimes contre l'humanité), lui aussi toujours en cavale, les communications sont constantes entre la ministre de la défense Michèle Alliot-Marie, le président Chirac, et la direction des services.

La priorité des priorités a longtemps concerné le général croate Ante Gotovina, ancien membre de la Légion étrangère. Il n'a été arrêté que le 7 décembre 2005. Quelques mois plus tôt, le général Rondot notait : «Cesser de traiter Gotovina». Avant d'être ainsi «lâché» par la DGSE, l'homme, actuellement en jugement à La Haye pour «violations des lois et coutumes de la guerre» et crimes contre l'humanité, a joui d'une longue protection, qui s'explique par les nombreux services qu'il aurait rendus à la France.

Katiba Al Moudjahidin

Pendant la guerre de Bosnie-Herzégovine, de 1992 à 1995, des volontaires islamistes sont arrivés en Bosnie en provenance d'Arabie Saoudite sous le couvert d'organisations humanitaires. Ils venaient aussi du Soudan et d'Egypte, recrutés par le groupe terroriste Jamaah Islamiyah, une fraction des Frères musulmans. Ces moudjahidin saoudiens, qui avaient combattu en Tchétchénie, apportaient dans les rangs de l'armée bosniaque le radicalisme wahhabite. A cette époque, les services de renseignement occidentaux, préoccupés par les liens que pouvait entretenir le parti bosniaque au pouvoir, le SDA, avec l'Iran, ne voyaient pas de menace particulière dans les activités des wahhabites.

Une fois sur le sol bosniaque, les combattants arabes étaient enrôlés dans les rangs des Forces musulmanes de défense (MOS), notamment la fameuse l'unité El-Moudjahid, qui faisait partie de la septième brigade du troisième corps de l'armée de Bosnie-Herzégovine. L'encadrement de ces unités a été chapeauté par Hasan Cengic, à l'époque numéro deux au ministère de l'Intérieur de la Fédération croato-bosniaque, et par Bakir Alispahic, patron des services secrets bosniaques, limogé après le démantèlement du camp de Pogorelica [camp d'entraînement terroriste en Bosnie, organisé par les Iraniens, où auraient été formés 1 400 soldats bosniaques]. Puis, sous la pression des Etats-Unis, les autorités bosniaques ont cessé leur collaboration avec l'Arabie Saoudite et l'Iran, leur préférant un rapprochement avec la Turquie, plus modérée.

Mais, des années après la fin du conflit, les attentats terroristes du 11 septembre 2001 à New York, revendiqués par Ben Laden, ont jeté un éclairage nouveau sur le rôle trouble de ces combattants islamistes dans les rangs de l'armée bosniaque.

Cette très idéologique brigade "El Moudjahid", dont l'effroyable cruauté fit le déshonneur de l'armée bosniaque aux dires mêmes de ses officiers, n'avait rien à envier, d'autre part, à la division "Handzar": celle-là même qui, lors de la Seconde Guerre mondiale, combattit, avec la bénédiction du grand mufti de Jérusalem, aux côtés des oustachis, ces nationalistes croates que les nazis considéraient comme leurs alliés les plus indéfectibles.

"Ce n'est pas nous, c'est la Croatie qui a ouvert aux moudjahidin la porte de la Bosnie-Herzégovine", clamait en 2001 l'ancien président bosniaque Alija Izetbegovic [décédé en 2003], fondateur et chef du principal parti politique musulman, le Parti de l'action démocratique. Certes, la majorité de ces moudjahidin sont arrivés en Bosnie via la Croatie pendant la guerre. C'était pourtant bien les autorités bosniaques de l'époque qui les avaient appelés à la rescousse. Ces combattants avaient même été protégés par les autorités à la fin des hostilités, alors que les accords de Dayton, signés à Paris le 14 décembre 1995, stipulaient que les trois parties [Serbes, Croates et Musulmans] s'engageaient à assurer le départ de toutes les troupes (*ainsi que des conseillers et autres mercenaires*) dans un délai de trente jours après la mise en application du plan de paix.

Néanmoins, l'unité appelée Al-Moudjahid est restée en Bosnie centrale, et certains de ses combattants ont même obtenu la nationalité bosniaque. Ses membres se sont recyclés dans les agences humanitaires arabes ou sont devenus instructeurs dans les camps d'entraînement contrôlés par les services secrets bosniaques – et iraniens, notamment dans celui de Pogorelica, démantelé en 2001.

Après la fin de la guerre en Bosnie, d'autres moudjahidin sont allés grossir les rangs d'Al-Qaida ou se sont enrôlés dans des milices tchétchènes. D'après les services secrets bosniaques, une trentaine de combattants islamistes qui avaient opéré en Bosnie-Herzégovine ont participé à des actions terroristes à travers le monde. Une organisation humanitaire très active en Bosnie, la Third World Relief Agency serait également liée à la galaxie Al-Qaida. Son fondateur, Elfatih Hassanein, originaire du Soudan, est un ancien étudiant en médecine de Sarajevo. Pendant la guerre, la TWRA avait son siège à Vienne et des bureaux à Zagreb, Split, Mostar, Bihac et Sarajevo. Plus de 350 millions de dollars destinés à l'armée de Bosnie-Herzégovine sont passés par le compte de cette organisation. Après enquête, les autorités bosniaques ont découvert que TWRA était aussi liée avec le cheikh Omar Abdel-Rahman, plus connu aux Etats-Unis comme le *"cheikh aveugle"* un imam radical égyptien, condamné à la perpétuité pour avoir organisé plusieurs attaques terroristes

Izetbegovic

S'en étonnera-t-on vraiment, du reste, lorsque l'on sait que ce même Alija Izetbegovic, fondamentaliste musulman, écrivit, dans sa *Déclaration islamique* (parue, en 1970, à Istanbul, puis republiée, en 1990, à Sarajevo), que *"il n'y a pas de paix ni de coexistence entre la religion islamique et les institutions sociales et politiques non islamiques"*. Une flagrante négation, cette affirmation, de l'une des valeurs suprêmes de nos sociétés modernes : la laïcité!

Et Izetbegovic, que certains des intellectuels les plus médiatisés ne cessèrent pourtant jamais d'encenser, d'ajouter ces mots funestes pour la sauvegarde de nos démocraties, sinon du sens de la fraternité entre les peuples : *"Avant le droit de gouverner lui-même et son monde, l'islam exclut clairement le droit et la possibilité de la mise en oeuvre d'une idéologie étrangère sur son territoire. Il n'y a donc pas de principe de gouvernement laïque, et l'État doit être l'expression et le soutien de concepts moraux de la religion."*

Alija Izetbegovic est mort, lui, de sa belle mort, tandis que le président croate Franjo Tudjman, antisémite notoire et révisionniste chevronné, a été inhumé, au lendemain de son décès, dans le carré réservé, dans le cimetière de Zagreb, aux "grands hommes". Et cela, sans qu'il ait jamais été inquiété lui non plus, au contraire de son homologue serbe, Slobodan Milosevic (dont la mort inopinée, dans sa cellule de La Haye, reste un mystère) par le TPIY.

Expulsion

Ils étaient venus combattre aux côtés des Musulmans de Bosnie. Certains étaient déjà sur place et se sont enrôlés. D'autres se sont installés après la guerre, ont pris femme et eu des enfants. Aujourd'hui, les «Arabes» de Bosnie sont devenus indésirables. L'Etat bosnien s'apprête à expulser plusieurs dizaines, voire centaines, de ses propres ressortissants, en majorité d'origine arabe, après les avoir déchus de leur nationalité. Ex-combattants ou anciens humanitaires, ils sont désormais indésirables.

Le Parlement a adopté une loi instaurant une commission de révision des naturalisations accordées entre le 6 avril 1992, date officielle du début de la guerre en Bosnie, et le 1er janvier 2006. Cette commission, mise en place l'année dernière et présidée par un fonctionnaire du ministère de la Sûreté, est chargée d'étudier les cas de quelque 1 500 personnes. Elle a déjà retiré leur nationalité à 488 personnes: plus de 70 Turcs, une trentaine d'Egyptiens, autant d'Algériens et de Tunisiens, plus de 20 Soudanais, etc. Cinquante d'entre eux avaient reçu, en janvier, un courrier leur annonçant cette décision.

Dans les faits, seuls les ex-ressortissants turcs ou arabes sont visés. *«Nous allons expulser des personnes qui, selon les résultats de l'enquête, mettent en danger la sécurité du pays»*, s'est contenté d'expliquer un responsable gouvernemental bosnien, Dragan Mektic.

«Cette décision est politique. Ils font ça sous la pression internationale», explique Aiman Awad, porte-parole de l'association Ensarije, qui regroupe quelque 200 Bosniaques, et lui-même menacé par la loi bien qu'il vive en Bosnie depuis 1982. Pour lui, cette politique répond aux demandes des Etats-Unis dans le cadre de la lutte antiterroriste.

Les accords de Dayton, qui ont mis fin en 1995 à la guerre de Bosnie, spécifiaient déjà que les 4 000 à 5 000 moudjahidin arrivés en Bosnie pendant le conflit devaient quitter le pays. Quelques-uns l'ont fait, notamment les plus motivés par le jihad international. D'autres ont été arrêtés par des commandos de la Sfor, la force multinationale de l'Otan déployée en Bosnie au lendemain de la guerre. Ceux qui sont restés mènent pour la plupart une vie tranquille, le plus souvent dans la région de Zenica (centre du pays), même si on leur reproche de diffuser une version wahhabite et particulièrement conservatrice de l'islam.

Depuis le 11 Septembre, la Bosnie fait du zèle. Elle a livré 6 Algériens à Washington. Bien que la justice bosnienne les ait blanchis, ils croupissent toujours à Guantánamo. Deux Bosniens d'origine égyptienne, Ussama Farag Allah et Al-Sharif Hassan Saad, ont été expulsés vers l'Egypte où ils sont détenus. Badreddine Ferchichi, un Tunisien à qui l'asile avait été refusé en Bosnie, a été renvoyé en Tunisie. Ferchichi attend en prison son procès devant un tribunal militaire. Autant de procédures contraires à la convention contre la torture et à la convention européenne des droits de l'homme, que Sarajevo a pourtant ratifiées.

Parallèlement, des opérations coup de poing antiterroristes sont montées en épingle par les autorités afin de présenter les ex-combattants arabo-musulmans comme des terroristes dormants: Mounir Silini en a fait les frais. Arrêté chez lui le 24 mai 2006, il a été relâché deux jours plus tard faute de preuves. Depuis, il a fui en France où il a déposé une demande d'asile politique pour ne pas être expulsé en Tunisie où il n'a pas remis les pieds depuis seize ans et où il a été condamné par contumace à quatre ans de prison pour sympathie avec le parti islamiste interdit Ennahda.

En Bosnie, cette vague d'expulsions soulève peu d'échos, même si deux manifestations ont été organisées par les ex-combattants arabo-musulmans et leurs familles, en octobre à Sarajevo et fin février à Zenica. Les anciens combattants bosniaques font remarquer que la plupart des «Arabes» ont combattu au sein de la Katibat al-Moudjahidin, une unité alors tout à fait officielle au sein de l'armée bosniaque. *«Si certains d'entre nous ont commis des crimes de guerre, qu'ils soient jugés par le Tribunal pénal international. Sinon, qu'on nous fiche la paix»*, estime l'un d'entre eux.

La gang du Roubaix

Lionel Dumont était un enfant sans histoires. Dernier d'une fratrie de huit enfants. Né dans une famille modeste catholique. Il s'inscrit à la faculté d'histoire, rêve de devenir journaliste. Lionel Dumont a envie de se rendre utile. Il s'engage dans l'Armée, participe ensuite à une mission de l'ONU en Somalie. Se retrouve démuni devant ce peuple qui meurt de faim. De retour en France, perdu dans ses idéaux, le jeune homme se convertit à l'islam à vingt ans, à la mort d'un ami.

En 1994, en pleine guerre des Balkans, le Roubaisien se laisse convaincre par Christophe Caze, ancien étudiant en cinquième année de médecine converti à un islam radical, de défendre la cause musulmane face aux Serbes. Les Français s'enrôlent, rejoignent les Moudjahidines, qui déploient comme arme de terreur, les décapitations.

En 1995, un accord de paix est conclu. Fin de la guerre, et retour impossible à une vie ordinaire pour ces jeunes djihadistes. En France, la folle dérive se poursuit à travers une série de braquages sanglants en 1996. Le gang de Roubaix fait frémir un pays. Le 29 mars 1996, une partie d'entre eux périt dans un incendie d'une habitation à Roubaix, suite à l'assaut du Raid. Le meneur, Christophe Caze, est abattu par la police belge. Lionel Dumont ne sera interpellé qu'un an plus tard en Bosnie où il avait commis d'autres braquages. Condamné en Bosnie à vingt ans de prison, il s'évade de la prison de Sarajevo en 1999, est repris en Allemagne en 2003.

Il écope de trente ans d'emprisonnement à Douai en 2005, puis de 25 ans en appel à Paris deux ans plus tard, sa peine de sûreté court jusqu'en 2022. Ce « ch'ti d'Allah », comme il est surnommé, a d'abord été incarcéré à la maison d'arrêt de Sequedin. Le quartier de la maison centrale ayant été fermé mi-2012, il a été transféré dans celui de la prison d'Annœullin. Un endroit hautement sécurisé qui regroupe des détenus dont le retour à la société est jugé complexe.

Après avoir passé dix années en prison, le détenu resterait un homme pieu. Il aurait tenté il y a quelques années de planifier son évasion. À l'époque, son avocat Me Rabier avait indiqué qu'il avait « *fait part d'un projet d'évasion à un interlocuteur, qui n'avait pas donné suite"*

Les braquages, Dumont a participé à tous, il est même le *"concepteur"* de celui du fourgon blindé le 25 mars 1996, a insisté l'avocat général. *"Vous voulez etre un Robin des Bois et vous braquez des gens qui ont un métier difficile, qui n'ont rien fait pour ça,* a-t-il lancé à l'ancien combattant moudjahidin en Bosnie. *La prison dont vous ne sortirez jamais est celle de vos contradictions."*

Des Années 90

Lionel et Mouloud se lient à la mosquée de Roubaix, au début des années 90. Lionel sort de dix-huit mois de légion, Mouloud bricole dans l'humanitaire. Ils se convertissent à l'islam sous l'égide d'un ami commun, Walid, alias Christophe Caze. Lionel et Christophe partent les premiers, en 1994, rejoindre la brigade El Moudjahidin, au sein du 3e Corps bosniaque, dans la région de Zenica.

Mouloud et son copain Djibouti, alias Bimian Zefferini, d'origine italo-érythréenne, qui sera abattu lors de son arrestation à Zenica, les rejoignent en stop. Cette brigade regroupe 200 à 300 étrangers, arabes et afghans pour la plupart, et 600 Bosniaques, unis par la foi, «fondamentaliste», précise Mouloud. Mouloud et Lionel prétendent ne pas connaître les chefs militaires de la brigade. Aguerrie, l'unité tient une ligne de front périlleuse et réussit trois opérations d'envergure en mai, juillet et septembre 1995.

Las de la férule arabe trop sectaire sur son unité, Lionel Dumont s'en va le premier, rejoint en France par tous les autres, même par Walid, le plus dogmatique. A l'époque, la défection de ce dernier étonne Lionel; aujourd'hui, elle fait plus que l'intriguer: «Il a emporté le secret de son ambiguïté avec lui.» A Roubaix, Walid-Christophe Caze mobilise alors de nouveau ses copains: se forme le «gang de Roubaix», dont la mission est de lever de l'argent pour le noyau islamiste de la brigade de Zenica, que seul Christophe est censé connaître.

L'équipée du gang de Roubaix s'achève en pantalonnade sanglante: morts et arrestations. Grâce au carnet de téléphone de Christophe Caze, Lionel et Mouloud s'enfuient à travers la France et l'Italie, jusqu'à Zenica, où ils retrouvent leur copain de Roubaix, Bimian Zefferini. Après les accords de paix de Dayton (1995), la brigade est démobilisée à la demande des Américains de la Sfor; émirs et imams signifient aux deux fugitifs qu'ils sont indésirables. «On n'avait plus rien, sinon nos flingues à la ceinture, Interpol aux fesses. Ils nous ont mis clochards. En un an de cavale, ils n'ont pas fait porter un paquet de dattes à ma femme», résume Lionel.

Sarajevo

Lionel et Bimian, eux, grimpent avec leur arsenal dans la montagne, se cachent dans des maisons abandonnées. Un copain de la brigade, émissaire des imams, les rejoint. On leur promet des passeports, de l'argent. On les planque dans un deux-pièces qui appartient au ministère de l'Intérieur, leur apprendra-t-on plus tard en prison. Les deux fugitifs attendent trois jours, jusqu'au siège de l'immeuble. Tandis que policiers, militaires, pompiers, cameramen de télé, notables et badauds prennent position, deux tireurs grimpent l'escalier, ouvrent la porte et tirent en rafale dans l'appartement sans sommation. Quand la fusillade cesse, deux hommes gisent sur le carrelage, un policier et un fugitif, Bimian Zefferini.

A travers un nuage lacrymogène, Lionel parvient à dégringoler d'un étage, pour être saisi par d'autres policiers. En disséquant ses souvenirs, il constate: «Roubaix, la station-service, l'appartement, c'est la troisième fois que j'étais balancé, la troisième fois qu'"ils semblaient surpris de me voir vivant.» Etrangers, Français («les seuls qui sympathisent sont les prisonniers serbes, un comble!», ironise Mouloud), convertis, Mouloud et Lionel vivent très mal dans l'univers carcéral bosniaque.

La télévision avait été conviée pour l'occasion. Le ministère de l'Intérieur triomphait, annonçant avoir mis la main sur «un dangereux terroriste international», faisant alors allusion aux activités de Dumont en France. Ce jeune homme de 26 ans est l'un des anciens membres du «gang de Roubaix» responsable d'une série d'attaques sanglantes dans la région lilloise en 1996. Il s'était volatilisé au lendemain du démantèlement de son groupe par le Raid à Roubaix le 29 mars 1996, pour ressurgir en Bosnie.

Au lendemain de ce coup foireux, la chasse aux terroristes français est mise en scène à l'américaine, les portraits sont placardés sur tous les murs du pays, diffusés à la télé. Mouloud est arrêté le premier. Il dit: «*La presse bosniaque ne rate jamais une occasion de nous étiqueter "dangereux terroristes internationaux pour détourner l'attention loin des imams.*»

Le procès de Lionel Dumont et de son complice présumé Mouloud Boughelane, les deux anciens «moudjahidin» français de Bosnie jugés pour neuf attaques à main armée, s'ouvre à Zenica sans fracas à l'image du sérieux embarras des autorités bosniaques. Une discrétion qui contraste avec le caractère spectaculaire de l'arrestation du jeune Français le 9 mars 1997 par les forces spéciales de la police dans cette même ville de Bosnie centrale deux semaines après que sa tête eut été mise à prix pour ces braquages ayant entraîné deux morts.

A Zenica, des proches de Dumont confirment d'ailleurs son engagement, en

1994-1995, dans des unités de Moudjahidin. D'où la gêne des autorités locales. Le procès de Zenica ne répondra probablement pas à ces deux interrogations, puisque la justice bosniaque a volontairement limité l'instruction aux actes de banditisme. Cette affaire est d'autant plus embarrassante que le président bosniaque, Alija Izetbegovic, avait promis, lors des négociations de paix de Dayton, qu'il renverrait chez eux les mercenaires islamistes.

Le 16 juillet 1997, au tribunal de Zenica, dans une région musulmane de Bosnie, Lionel Dumont et Mouloud Bouguelane, deux survivants du gang de Roubaix, sont condamnés à vingt ans de prison pour une série, mal élucidée, de cambriolages. De tous les braquages en Bosnie pour lesquels ils ont été condamnés, les deux prisonniers ne reconnaissent que celui d'une armurerie et la tentative de cambriolage d'une station-service, au cours de laquelle un policier en civil a été abattu après avoir tiré le premier.

L'engagement reconnu des deux Français dans l'armée bosniaque, les tâtonnements de l'instruction, les silences de la défense, l'extrême sévérité du verdict laissaient entrevoir un compromis derrière un acte de justice parodique. Mais, au fil des mois, les deux Français perdent leurs illusions. La Bosnie avait accepté leur transfert en France, où ils devaient être interrogés à Lille dans le cadre de l'instruction sur le gang de Roubaix, soupçonné de liens avec les réseaux islamistes.

Christophe Caze

Christophe Caze est né dans la misère d'une famille du Cambrésis, il entreprend des études de médecine. Sur la ligne de front, sa virtuosité de chirurgien autodidacte et «son coeur blanc» ont été providentiels. Grand, sec, il a découvert l'islam dans une association étudiante algérienne, est entré en contact avec la brigade grâce à un ami palestinien.

Décrit par les autres membres du gang comme un fanatique, Caze avait rencontré à la mosquée de Daawa, à Roubaix, dans les années 1990, ceux qui formeront l'ossature du gang. Neuf des dix membres du groupe se sont retrouvés en Bosnie centrale aux côtés d'islamistes arabes et afghans venus combattre avec l'armée bosniaque au sein de "brigades de moudjahidine".

«Sans le débiner parce qu'il est mort, on peut dire qu'il était intégriste», dit Dumont. «Il était le plus manipulé», tranche Mouloud Bouguelane. Il a servi de lien entre cette bande de ch'tis convertis et les «émirs», comme les appelle Lionel, les «imams» comme les nomme Mouloud. Des combattants originaires du Maghreb, d'Iran, d'Egypte, d'Afghanistan, qui noyautent la brigade de Zenica, dans une région épargnée par les bombardements, à l'abri de toute surveillance policière internationale, d'un accès facilité par les convois humanitaires, occidentaux et islamiques. A une époque où, tandis que les Européens tergiversent encore, beaucoup d'argent de pays islamiques arrive en Bosnie à travers des associations culturelles et humanitaires.

Kosovo / UCK

Le journaliste Jean Arnault Dérens ecrit que *"Les différents services occidentaux, notamment britanniques et allemands, ont joué un rôle essentiel dans la fourniture d'armes et de renseignements aux combattants de la guérilla de l'UÇK. La mission de la DGSE française est moins souvent évoquée. Celle-ci a pourtant réussi à détenir une carte maîtresse dans l'imbroglio kosovar en «traitant» Hashim Thaçi, aujourd'hui President du Kosovo.*

Le 6 février 1999, les négociations de la dernière chance commencent au château de Rambouillet, sous l'égide du secrétaire général de l'OTAN Javier Solana et de la secrétaire d'État américaine Madeleine Albright. Officiellement, les Occidentaux cherchent à trouver un compromis entre Belgrade et les Albanais du Kosovo. L'échec de ce processus de négociation ouvrira la voie aux bombardements de l'OTAN.

Dès le début de la première rencontre de Rambouillet, l'opinion publique internationale découvre un jeune homme de 31 ans, jusqu'alors parfaitement inconnu: HashimThaçi, porte-parole de l'UÇK qui s'impose comme chef de la délégation albanaise.

Arnaud Danjean, actuel député européen (UMP), suivait la conférence pour le compte de la DGSE. Selon son témoignage, il aurait fait connaissance d'Hashim Thaçi dans les salons du château de Rambouillet, les deux hommes ayant en commun la pratique de la langue allemande. Il n'aurait reçu l'ordre «d'approcher» le porte-parole de la guérilla que lors de la seconde et dernière session de négociations, du 16 au 18 mars, quelques jours avant le début des bombardements.

Plusieurs témoignages confirment pourtant la présence d'Arnaud Danjean dès le début de la première rencontre de Rambouillet. Plusieurs sources affirment même qu'avant le début de la conférence, Arnaud Danjean aurait emmené Hashim Thaçi faire les magasins pour le doter d'une garde-robe conforme à son nouveau statut, ce qui suppose que les deux hommes se connaissaient bien avant le début de la conférence.

Ce point de chronologie peut paraître secondaire, mais Arnaud Danjean affirme que «seuls les Américains traitaient avec Hashim Thaçi», ajoutant que Michel Foucher, conseiller spécial d'Hubert Védrine, ministre des affaires étrangères de l'époque, aurait chargé la DGSE de se renseigner sur Hashim Thaçi en novembre 1998, estimant qu'il fallait établir un contact avec l'UÇK.

La DGSE, comme les autres services occidentaux, avait des contacts avec toutes les factions albanaises – les partisans d'Ibrahim Rugova comme le LPK, auquel appartenait Thaçi.

Le seul problème est qu'avant Rambouillet, le jeune Hashim Thaçi ne jouait qu'un rôle tout à fait secondaire. Le porte-parole officiel du LPK et de l'UÇK était alors Bardhyl Mahmuti, basé à Vevey, en Suisse. En réalité, l'ascension de Hashim Thaçi résulte d'un choix de communication, auquel les services occidentaux ne sont peut-être pas étrangers. La vieille garde du LPK a décidé de donner à la guérilla un visage jeune, présentant bien et dont la fidélité politique était à toute épreuve.

Ce choix a été effectué en concertation avec les conseillers occidentaux du LPK, mais il n'est pas certain que les Américains aient eu le dernier mot en la matière. Ils auraient très certainement privilégié quelqu'un parlant anglais, ce qui n'était pas le cas de Hashim Thaçi, qui ne maîtrisait que l'albanais et l'allemand, conséquence de son long séjour en Suisse alémanique.

Quelques semaines avant la conférence de Rambouillet, un avion avait atterri à l'aéroport de Tirana, la capitale de l'Albanie, manquant provoquer une catastrophe : l'avion n'avait pas déposé de plan de vol et les contrôleurs aériens ne savaient pas d'où venait l'appareil ni qui se trouvait à son bord. Il ramenait une importante délégation de cadres de l'UÇK – les sources évoquent «une trentaine» de personnes – qui venaient de recevoir une formation au centre parachutiste d'entraînement spécialisé (CPES) de Cercottes, dans le Loiret. Si les Américains ont fait le choix politique de soutenir le LPK, le travail de terrain a été laissé aux services français et européens.

En France, la question du soutien à l'UÇK ne faisait pourtant pas l'unanimité. Le cabinet du ministre des affaires étrangères Hubert Védrine était plutôt favorable au maintien d'une relation privilégiée avec les non-violents de la LDK de Rugova, opposant connu et historique au régime de Milosevic. Celui du ministre de la défense Alain Richard hésitait. Et, au sein même de la DGSE, deux factions s'opposaient : les partisans du soutien à l'UÇK d'un côté, les nostalgiques de l'alliance traditionnelle entre la France et la Serbie, de l'autre.

La nouvelle ligne, pro-kosovar, avait cependant le soutien de la haute hiérarchie, notamment du général Rondot, alors en charge de la coordination du renseignement au cabinet du ministre de la défense. Un ancien cadre du service reconnaît toutefois que « sur le plan opérationnel, il fallait tout cloisonner »…

L'engagement de la DGSE n'avait rien d'exceptionnel. Chaque service occidental avait alors « son » homme dans la guérilla. Pour les Britanniques, c'est le commandant Ramush Haradinaj, toujours en cours de jugement devant le TPIY de La Haye. Pour leur part, les États-Unis jouaient un rôle opérationnel relativement discret.

Arnaud Danjean insiste aujourd'hui sur le fait qu'il a agi «en fonctionnaire», « sur ordre» de sa hiérarchie et des responsables politiques – concrètement, sous la responsabilité ultime du ministre de la défense, qui était alors le socialiste Alain Richard. Cependant, l'agent de la DGSE a largement bâti sa carrière sur cette «prise» de premier choix. Hashim Thaçi est devenu l'interlocuteur privilégié de la DGSE.

«Le recrutement de Thaçi était une bonne affaire pour la DGSE», poursuit cet ancien cadre du service contraint à l'anonymat. «Cependant, il est vite apparu que Danjean cultivait son propre réseau, en étouffant toutes les informations qui pouvaient mettre en cause Thaçi et les autres personnes qu'il traitait, surtout après la fin de la guerre. Nous étions pourtant au courant de tous les trafics menés par l'UÇK ».

Pourquoi les États-Unis et leurs alliés ont-ils fait ce choix surprenant de soutenir l'UÇK, pourtant considérée jusqu'au début de l'été 1998 par la CIA comme un groupe lié au trafic de drogue? Et pourquoi soutenir plus précisément le «noyau dur» de la guérilla, c'est-à-dire les cadres issus du LPK? Le revirement des États-Unis a été spectaculairement illustré par la visite de Richard Holbrooke, l'émissaire spécial du président Clinton, aux chefs de la guérilla, le 24 juin 1998, dans le village de Junik, après avoir pénétré clandestinement au Kosovo, alors sous contrôle de la Serbie.

Les autorités d'Albanie ont aussi reçu la consigne de soutenir ce choix des Occidentaux. Le Parti socialiste albanais, héritier de l'ancien parti unique, est revenu au pouvoir à la faveur des émeutes et de la guerre civile de 1997. Le PS albanais, les nouveaux cadres de la police et des services secrets avaient naturellement des connexions importantes avec le noyau suisse du LPK, lui aussi issu de la mouvance «envériste».

Arnaud Danjean

Né en février 1971 à Louhans, diplômé de sciences politiques (en communication), Danjean entre à 24 ans à la DGSE et devient très vite un spécialiste des Balkans. Région qu'il ne quittera quasiment plus, de près - à Sarajevo, Pristina, Belgrade - ou de loin - à Paris ou Genève. Il fut notamment chef de poste à Sarajevo en pleine négociation des accords de Dayton puis chargé à l'ambassade de France de Bosnie-Herzégovine de pister les récents criminels de guerre (jusqu'à 1998).

A Paris il travaille ensuite à la cellule Balkans de DGSE. Il participe aux discussions de Rambouillet sur l'avenir du Kosovo et devient conseiller auprès de Bernard Kouchner au Kosovo (à partir de juin 1999). Il revient à Paris comme conseiller Europe et Russie du directeur de la DGSE (2000-2002), puis à Genève, à la représentation permanente de la France auprès des Nations-Unies (2002-2004) où il s'occupe des relations avec les organisations humanitaires et internationales (CICR...).

Il revient, au Kosovo, détaché auprès de l'Union européenne, comme conseiller de Fernando Gentilini, le représentant personnel de Javier Solana (Haut représentant de l'UE pour la politique étrangère) dans la région. Tous deux auront un accident de voiture, près de Mitrovica, plutôt grave. Gentilini doit être évacué. Revenu à Paris en 2005, Danjean passe au cabinet de Michel Barnier puis de Philippe Douste-Blazy comme chargé des Balkans et de l'Afghanistan. Il participe aux travaux du groupe de contact Kosovo jusqu'en 2007, jusqu'à l'indépendance.

Danjean s'est illustré sur deux terrains. La Bosnie et le Kosovo. Et toute son activité oscille entre l'ombre et la lumière. Dans l'ancienne province serbe devenue indépendante, où il a fait de fréquents voyages (63 a-t-il décompté, d'une durée très variable entre 24 heures et 6 mois) il a ainsi été très proche de nombre d'intellectuels kosovars et de plusieurs dirigeants de l'UCK, auquel il a pu prêter assistance.

Chez Hashim Thaci (*un des leaders de l'UCK, devenu le Premier ministre de l'indépendance*), il avait ainsi "porte ouverte". Mais, illustration de son talent et de son sens politique, il réussit à conserver une certaine confiance de Belgrade, faisant au moment de l'indépendance - comme auparavant - de nombreuses allées et venues entre les deux "capitales".

Crimes contre l'Humanité

Les ex-chefs de l'UCK, l'armée de libération du Kosovo, qui sont aujourd'hui à la tête de l'État indépendant du Kosovo, se sont-ils rendus coupables de crimes contre l'humanité? Oui, répond une commission d'enquête mise sur pieds en septembre 2011 par l'Union européenne, à la suite des allégations de trafic d'organe pendant la guerre du Kosovo, en 1999.

Crimes contre l'humanité, crimes de guerre: les charges exposées devant la presse à Bruxelles par le procureur Clint Williamson sont lourdes. Elles concernent deux types d'exactions. Celles qui ont eu le plus grand retentissement médiatique: pendant la guerre, des membres de l'armée populaire de libération du Kosovo, défendant la majorité musulmane contre la minorité orthodoxe serbe, auraient tué des Serbes pour prélever leurs organes et les vendre.

Clint Williamson confirme ce qui avait été révélé il y a des années par l'ex-procureur du TPIY, la Suissesse Carla Del Ponte : "Nous avons rassemblé des preuves claires que ces pratiques ont bien eu lieu." Mais il en minore l'ampleur : "Ceci s'est produit à une échelle très limitée. Moins d'une dizaine d'individus." Cela n'en reste pas moins "une pratique horrible, une tragédie terrible, et la petite échelle ne réduit pas la sauvagerie du crime".

Clint Williamson, qui a enquêté sur 800 morts et disparus, affirme aussi que les minorités serbes et roms du Kosovo ont été victimes d'une opération de purification ethnique organisée: meurtres, kidnappings, déportation et violences sexuelles contre ces minorités, mais aussi contre l'opposition albanaise à l'UCK. Une purification ethnique décidée, "non pas par quelques voyous isolés, mais qui correspond à un plan organisé, conduit par le leadership de l'ex-UCK".

Or, ces individus occupent aujourd'hui des places de très haute responsabilité dans l'État du Kosovo. Hashim Thaçi était en effet le chef de la guérilla indépendantiste kosovare pendant le conflit et a déjà été mis en cause par le rapporteur du Conseil de l'Europe Dick Marty. Le procureur a refusé de donner des noms, car l'acte d'accusation qu'il prépare sera sous scellés. Confidentiel. Ces accusations devraient être abordées lors d'un procès devant un tribunal international créé pour l'occasion en 2015, dans un pays inconnu à ce stade, mais "étant en négociation". C'était le cas du Tribunal pour l'ex-Yougoslavie, mais sa compétence a été limitée dans le temps.

Deux difficultés majeures sont à attendre si un procès a bien lieu. L'intimidation des témoins d'une part. Clint Williamson a insisté sur les difficultés qu'il avait eues à recueillir des témoignages de Kosovars : "Il règne un fort climat d'intimidation autour de tout ce qui touche à l'ex-UCK." Des propos qui rappellent ceux de Carla Del Ponte quand elle cherchait à enquêter sur le rôle de l'UCK dans la purification ethnique anti-serbe : "*On dirait que c'est une génération spontanée*", s'énervait la Tessinoise. Les services de renseignements des pays engagés en ex-Yougoslavie - États-Unis, Royaume-Uni, France - refusaient en effet de lui communiquer des informations sur cette formation qu'ils soutenaient dans son combat contre la Serbie de Slobodan Milosevic, accusé plus tard de génocide, et qui est décédé dans une cellule du TPI à La Haye.

D'autre part, les personnes qui se trouvent peut-être dans le collimateur du procureur américain sont les partenaires de dialogue des États-Unis et de l'Union européenne. Nul doute que l'acte d'accusation de Clint Williamson embarrasse nombre de capitales. C'est peut-être pour cela que sa conférence de presse a été programmée en plein coeur de l'"été.

De nombreux indices impliquent des anciens chefs de l'UCK, aujourd'hui au pouvoir, dans le trafic d'organes dont ont été victimes des prisonniers de l'Armée de libération du Kosovo (UCK). Des «exécutants» repentis ont avoué qu'en 1999 ils ont kidnappé des Serbes pour le compte de l'UCK. Transportés ensuite en Albanie, notamment dans une maison peinte en jaune, les captifs étaient tués d'une balle dans la tête. On leur prélevait les reins et d'autres organes qui étaient expédiés par avion dans d'autres pays.

Quand la «maison jaune» a été repeinte en blanc par ses monstrueux propriétaires, «lavée» de presque toutes traces, c'est la clinique privée Medicus qui a pris le relais. Les prélèvements d'organes sur des personnes vulnérables s'y sont poursuivis jusqu'en 2008.

En juin 2009, Bernard Kouchner, ministre des Affaires étrangères de M. Sarkozy, en accueillant à Paris le Premier ministre du Kosovo et ancien chef de l'UCK, Hashim Thaçi, a déclaré être « *heureux* » d'avoir reçu son « *ami* ». Or, l'« *ami* » de Bernard Kouchner serait un homme lié à la mafia, qualifié par plusieurs services de renseignements comme une personnalité clé du crime organisé dans les Balkans.

Bernard Kouchner et la maison jaune

Pierre Péan revient sur cet épisode dans son livre Kosovo une guerre «juste» pour un Etat mafieux . Il écrit : « *Budimir Nicic, patron du Media Center, se souviendra toute sa vie de son face à face avec Bernard Kouchner*», le 2 mars 2010 alors qu'il questionnait Kouchner pour Voice of America.

En revoyant cette vidéo, Budimir Nicic lui dit se sentir « *blessé et insulté* » par la réaction de Bernard Kouchner :« *Il fait semblant d'entendre parler de la*

"Maison jaune" pour la première fois. [...] J'avais mené une enquête auprès des familles de disparus et quelques-unes avaient mentionné Bernard Kouchner, en tant que patron de la Minule, comme l'un des responsables de leurs souffrances, aux côtés de la KFOR et des États-Unis...C'était le prétexte de ma question [...] Tout le monde a été scandalisé par son comportement. Ici, on ne parlait que de ça... [...] Les crimes les plus terribles ont eu lieu alors qu'il dirigeait le Kosovo. Il n'a tenu aucune de ses promesses de retrouver les auteurs de crimes contre les Serbes. C'étaient des paroles dans le vide... [...]

Naim Miftari, ancien cadre de l'UCK, qui témoigne désormais à visage découvert dans plusieurs procès ultrasensibles, va plus loin que Budimir : *"En 1999, aucun crime ne pouvait être commis au Kosovo sans que Kouchner en soit informé»*

L'ONU savait. Les chancelleries, informées par divers services de renseignements, savaient. Tout le monde sait que le Kosovo, déclaré indépendant en 2008, continue aujourd'hui d'être dirigé par des personnalités liées au crime organisé, impliquées, de près ou de loin, dans ce trafic d'organes international. Près de 60 pays n'en ont pas moins accordé une prompte reconnaissance à ce nouvel État mafieux, dont les gouvernements savaient parfaitement que ses dirigeants étaient les parrains de toutes les horreurs.

Syrie

Le président français a souhaité que les Européens prennent une décision sur la fourniture d'armes aux forces d'opposition syriennes. *"Des armes sont livrées par des pays, dont la Russie, au régime de Damas. Nous devons en tirer toutes les conclusions et prendre sa décision dans les prochaines semaines"*, a déclaré François Hollande. Il a précisé que *"toutes les conséquences de la levée de l'embargo"* seraient examinées par les ministres des Affaires étrangères au cours d'une réunion prévue de longue date à Dublin.

Une démarche jugée sévèrement par Alain Chouet, ancien chef de poste de la DGSE à Damas, puis cadre supérieur des services secrets. Alain Chouet a declaré au magazine Le Point *"Je suis confondu par cette affaire. On se trouverait complètement en dehors de la légalité internationale, dans une situation sans précédent. Pour prendre une comparaison, c'est comme si la France, en 1992, avait décidé unilatéralement d'armer le GIA (Groupe islamique armé) et le FIS (Front islamique du salut) algériens, sous prétexte qu'ils avaient gagné les élections et que les militaires avaient interrompu le processus électoral. Dans le cas de la Syrie, nous armerions des groupes* non représentatifs et reconnus par personne, si ce n'est par nous ! l'ONU n'a pas reconnu l'opposition, et d'ailleurs, de quelle opposition parlons-nous ? Elle est totalement hétéroclite et divisée, les militaires ne reconnaissent pas l'autorité des politiques et, à l'intérieur de la composante militaire, les milices djihadistes ont pris le pas sur les autres."

"J'entends parler d'armes "défensives", qui ne font pour moi aucune différence avec les armes "offensives". Quant à évoquer des armes "non létales", on joue sur les mots. Et je ne sais pas à qui on va les donner... Certains responsables politiques français affirment que nos services spéciaux savent parfaitement à qui il faut les donner. Je connais la Syrie depuis 40 ans, j'ai fait partie des services spéciaux pendant 30 ans et j'affirme qu'une telle certitude est totalement présomptueuse. Ce que je constate, c'est que, sur le terrain, celle qu'on appelle l'ASL (Armée syrienne libre) est composée d'officiers et d'hommes de troupe qui ont déserté vers la Turquie et qui se trouvent pour la plupart consignés dans des camps militaires quand ils n'ont pas donné des gages d'islamisme. L'un des fondateurs de l'ASL, le colonel Riad al-Assaad, se trouve pratiquement assigné à résidence avec l'interdiction de se rendre sur le territoire syrien. Tout cela pour laisser la place aux groupes salafistes et aux djihadistes. Je repose donc la question : quelles armes allons-nous donner et à qui ?

Nous n'avons aucun mandat de l'ONU ou de qui que ce soit d'autre ni de légitimité juridique pour renverser le président Assad quels que soient ses torts. Ce n'est pas aux Français ni aux Anglais de le faire, mais aux Syriens. Depuis deux ans, la France a fourni aux opposants syriens une assistance logistique, technique, des entraînements organisés par les services spéciaux, également britanniques ou américains. Cette fois, en livrant officiellement des armes, on passe à un autre stade !

On ne peut envoyer des militaires avec drapeaux, plumes et trompettes que lorsqu'on en a le mandat dans le cadre de la légalité internationale. Mais dès lors qu'un ministre des Affaires étrangères proclame qu'il va apporter une aide militaire à des étrangers désireux de renverser leur gouvernement, même si les instances internationales s'y opposent, on entre dans une forme nouvelle et dangereuse de l'illégalité internationale.

Depuis, la situation s'est gravement dégradée. On est dans un pays dévasté, ruiné, en proie à des affrontements ethniques et confessionnels, où rien ne sera plus jamais comme avant. On est entré dans une logique de guerre civile semblable à celle qui a ensanglanté le Liban pendant 15 ans. Mais je vous le dis nettement : ce n'est pas en armant des salafistes qu'on va arriver à une solution. D'une façon hypocrite, la France a appelé à une solution négociée en disqualifiant d'emblée une des parties sommée de ne pas se présenter à la table des discussions, en l'occurrence le pouvoir en place. Que reste-t-il alors à négocier ? Depuis le début de cette affaire, on se trouve dans le flou militaire, juridique, politique ou idéologique. J'ai le plus grand mal à m'y retrouver. On est dans une ambiguïté absolue en soutenant en Syrie ceux contre lesquels on lutte ailleurs.

J'évoque ici le Mali. Même si comparaison n'est pas raison et si les islamistes qui se manifestent au Mali ne sont pas les mêmes qui se battent en Syrie, ils ont les mêmes objectifs, les mêmes inspirateurs, les mêmes idéologues et les mêmes financiers. Je trouve ça tout à fait curieux. Et en tant qu'ancien responsable d'un grand service de l'État, je suis assez perturbé par ces choix bizarres et antagonistes de nos diplomates et de nos politiques.

Essor des djihadistes

Décidé en mai 2011, peu après le début de la violente répression exercée par les forces de Bachar el-Assad à l'encontre des manifestants pacifiques, l'embargo interdit la vente, la fourniture, le transfert et l'exportation d'armes à la Syrie, quel qu'en soit le destinataire (régime ou opposition). La mesure n'autorise que la livraison à l'opposition de matériels non létaux, comme du matériel de protection ou de communication (gilets pare-balles, talkies-walkies, équipements de désamorçage de mines).

Prudence des rebelles

D'après un haut responsable français s'exprimant sous le couvert de l'anonymat, l'objectif de la France serait notamment de fournir à l'opposition syrienne des moyens de défense antiaériens (missiles sol-air) contre les avions et les hélicoptères du régime. Il faut aux opposants "des armes qui puissent contrer les attaques des avions", a confié ce responsable à l'Agence France-Presse.

"Ces armes, c'est ce que demande la Coalition nationale syrienne ", rappelle la source diplomatique française. "À ce stade, il ne s'agit pas de se lancer dans des supputations. Rien n'a encore été décidé", assure-t-elle. Du côté de l'Armée syrienne libre (ASL), les annonces française et britannique sont accueillies avec prudence. "Le vrai problème de l'Armée syrienne libre [ASL] aujourd'hui est la multiplication des sources d'armement et de financement, ce qui provoque un déficit de contrôle du commandement central sur toutes les forces sur le terrain", affirme Fahad al-Masri, porte-parole du commandement conjoint de l'Armée syrienne libre de l'intérieur.

Tactique française

Tandis que l'ASL bénéficie de livraisons d'armes limitées de la part de l'Arabie saoudite et du Qatar, certaines personnalités privées habitant le Golfe alimentent les groupes rebelles les plus radicaux. "La livraison effective d'armes par la France permettrait d'unifier les ressources de l'ASL et ainsi de réunir sous un même étendard tous les groupes armés qui luttent pour la chute du régime", assure Fahad el-Masri. *"Nous possédons dans notre armée des centaines d'officiers, anciens hauts gradés de l'armée régulière, qui savent manier les armes lourdes et de qualité."*

François Bayrou, le président du MoDem, a appelé à "la prudence et à la réflexion" au sujet du projet de livraisons d'armes de la France et de la Grande-Bretagne aux rebelles syriens. Sur Europe 1, l'ex-candidat centriste à la présidentielle s'est dit "très interrogatif" sur cette perspective, annoncée par Paris la veille. "La France est prête à prendre ses responsabilités" et à livrer des armes à l'opposition syrienne, si elle ne parvient pas à convaincre ses partenaires européens, a affirmé jeudi le président François Hollande.

François Bayrou a admis être "minoritaire" dans ses réserves "puisque UMP et PS sont sur la même position". *"Je trouve qu'il y a là un très grand risque pris"*, a-t-il dit. *"Ça veut dire qu'on va se lancer dans la surenchère des livraisons d'armes"* avec en face l'Iran, la Russie. *"On va les justifier dans leurs livraisons, on va avoir une escalade."*

Ensuite *"à qui livre-t-on des armes ?"* a demandé François Bayrou. *"Il y a des gens très bien dans la résistance syrienne et puis il y a des fondamentalistes."* *"On a vu en Libye ce que faisaient les livraisons d'armes et le fait que ça se répandait dans toute la région et que nous ayons ensuite à les affronter."* Enfin, a relevé François Bayrou, *"il ne s'agit pas dans ce pays seulement d'une guerre d'un dictateur contre un peuple"*, mais *"il y a surtout"* une "guerre intracommunautaire", des communautés ethniques liées à une origine, à la religion. *"Le fait que la France s'engage ainsi et que les autres pays européens, en dehors de la Grande-Bretagne, disent attention, il y a là un risque très important (qui) doit nous amener à réfléchir beaucoup plus"*, a-t-il dit.

Le vice-président du FN, Florian Philippot, a qualifié vendredi de "folie" la volonté d'armer *"des islamistes (et) des djihadistes, c'est-à-dire ceux-là mêmes qu'on combat au Mali"*. *"Nous le considérons comme une folie. La Syrie, c'est l'anti-Mali. En Syrie, nous voulons soutenir qui ? Des islamistes, des djihadistes, c'est-à-dire ceux-là mêmes qu'on combat au Mali"*, a affirmé Florian Philippot aux *4 Vérités*

Chapitre 4

DGSI

Le diagnostic n'est pas établi par une poignée d'illuminés en mal de scénarios catastrophe mais par le patron de la Direction générale de la sécurité intérieure (DGSI), Patrick Calvar. «Nous sommes au bord d'une guerre civile», a-t-il déclaré récemment aux députés de la commission d'enquête parlementaire sur les attentats du 13 Novembre présidée par le député (LR) du Rhône Georges Fenech.

L'homme à la tête des services secrets ne faisait qu'enfoncer le clou.
D'où viendrait l'étincelle qui mettrait le feu aux poudres, transformerait la France en territoire incontrôlé où des groupes prendraient les armes et se feraient justice eux-mêmes? Qui verrait une nation en décomposition où alterneraient violences et vengeances du camp d'en face. Rien n'est à exclure dans un pays aussi éruptif que la France d'aujourd'hui. Beaucoup pensent d'abord à un nouvel épisode de terrorisme islamiste où, cette fois, la population verserait dans l'autodéfense.

Mais l'élément déclencheur peut aussi surgir d'une manifestation débordée par les casseurs, tel le triste saccage de la façade de l'hôpital Necker, d'une razzia de hooligans, d'une expédition punitive dans les banlieues. Parmi toutes ces sources de dérapage, la plus redoutée reste l'attentat dirigé contre des enfants, la prise d'otages dans une école qui susciterait en retour un déferlement de violence.

Parmi les groupes extrémistes, le patron de la DGSI expliquait surveiller de très près «l'ultradroite». Cette mouvance aux multiples ramifications est très active sur les réseaux sociaux. «Ils ont la volonté de mettre le feu, c'est certain, mais passeront-ils à l'acte?», interroge l'avocat Nicolas Lerègle, spécialisé dans les domaines de la sécurité et de l'intelligence économique.

Plus généralement, tous les éléments sont réunis pour qu'un foyer éclate. Face aux menaces, la volonté de quadriller au mieux le terrain est toujours présente. Ainsi, au sein de la Défense, plusieurs voix plaident pour que les soldats de «Sentinelle» ne se contentent pas de patrouiller dans les rues mais exercent une mission de «contrôle de zone». En d'autres termes qu'ils fassent aussi du renseignement.

Avant l'Assemblée nationale, Patrick Calvar a déjà parlé en interne de la volonté d'action de ces groupes d'ultra-droite. Il craint qu'un nouvel attentat les réveille car il montrerait que les moyens de l'Etat ne suffisent plus. Avec la montée en puissance du risque islamiste, la DGSI avait orienté nos capteurs sur les djihadistes ces dernières années. L'ultra-droite, on s'en occupait moins.

Audition de Patrick Calvar (*Assemblée Nationale, Mai 2016*)

«L'Europe est en grand danger: les extrémismes montent partout et nous sommes, nous, services intérieurs, en train de déplacer des ressources pour nous intéresser à l'ultra-droite qui n'attend que la confrontation. *Vous rappeliez que je tenais toujours un langage direct ;* eh bien, cette confrontation, je pense qu'elle va avoir lieu. Encore un ou deux attentats et elle adviendra. *Il nous appartient donc d'anticiper et de bloquer tous ces groupes qui voudraient, à un moment ou à un autre, déclencher des affrontements intercommunautaires.*

La tentation des populismes, la fermeture des frontières, l'incapacité de l'Europe à donner une réponse commune, l'incapacité à adopter une législation applicable en tous lieux, nous posent d'énormes problèmes. Et je note, de plus en plus, une tendance au repli sur soi.

J'en viens à l'état de la menace, je souhaite me faire le porte-parole des personnels que je dirige pour souligner qu'à chaque fois que se produit un attentat sur notre territoire, ils le vivent comme un échec alors que leur mission est d'empêcher qu'il ne soit commis. En revanche, certaines critiques non fondées leur font particulièrement mal – d'autant que l'engagement du service est particulièrement fort.

J'en viens à l'état de la menace. La France est aujourd'hui, clairement, le pays le plus menacé. Je vous rappelle qu'un des numéros de la revue francophone de Daech, Dar al Islam, titrait en une: «Qu'Allah maudisse la France». De leur côté, Al-Qaïda au Maghreb islamique (AQMI), en tant qu'organisation héritière du Groupe islamique armé (GIA) des années 1990, considère toujours la France comme l'ennemi numéro un et Al-Qaïda dans la péninsule arabique (AQPA) nous stigmatise de la même façon.

La menace est par conséquent, j'insiste, très forte ainsi que l'ont montré les attentats de janvier et de novembre 2015. Elle est très forte également hors du pays ainsi que nous avons pu le constater avec les attentats de Bamako, de Ouagadougou et, plus récemment, de Bassam, en Côte d'Ivoire.

J'évoquerai uniquement ici la menace intérieure même si, du fait de notre compétence judiciaire, nous sommes systématiquement saisis de toutes les actions terroristes commises à l'étranger dès lors qu'un ressortissant français en est victime. À ce titre nous sommes saisis des attentats perpétrés à Tunis, Bamako, Ouagadougou et Bassam.

Qui nous menace? D'abord les organisations, au premier rang desquelles Daech. L'autopsie des attaques du 13 novembre révèle qu'elles ont été planifiées en Syrie, menées par des individus qui combattaient dans ce pays, pour certains depuis de nombreuses années et donc totalement aguerris. D'autres y ont été entraînés. Elles ont été le fait d'un mélange de ressortissants français – soit partis de notre territoire, soit résidant à l'étranger, notamment en Belgique –, mais aussi belges et irakiens. Ils ont bénéficié d'une logistique particulièrement importante – passeurs, faussaires établis en particulier en Turquie –, et d'un accueil, d'un hébergement en Belgique, là où ils auraient pu se procurer les armes et les explosifs utilisés sur notre sol.

Je tiens à souligner le fait qu'il n'y avait aucune cellule logistique sur notre territoire, comme l'a notamment montré la fuite d'Abaaoud, qui n'a trouvé refuge qu'en appelant sa cousine à son secours – les travers de celle-ci la menant à sa perte.

Les routes utilisées ont été variées et nous en ignorons encore certaines – notamment pour ce qui concerne Abaaoud ou les ressortissants européens. En revanche nous savons que la filière des migrants a été utilisée et qu'au moins deux membres du commando sont ainsi entrés en Europe par l'île de Leros. Ils sont arrivés sur notre territoire la veille des attaques. Les véhicules ont été loués en Belgique et les appartements depuis la Belgique.

Le délai entre leur arrivée et les frappes a donc été très court. Quant à la volonté de mourir, elle était parfaitement exprimée, comme on a pu le constater, à l'exception de Salah Abdeslam qui a pu s'échapper et d'Abaaoud qui, lui, était vraisemblablement prévu pour accomplir d'autres actions.

Nous savons que Daech planifie de nouvelles attaques – en utilisant des combattants sur zone, en empruntant les mêmes routes qui facilitent l'accès à notre territoire – et que la France est clairement visée. Daech se trouve dans une situation qui l'amènera à essayer de frapper le plus rapidement possible et le plus fort possible: l'organisation rencontre des difficultés militaires sur le terrain et va donc vouloir faire diversion et se venger des frappes de la coalition.

Si les attentats de novembre dernier ont été perpétrés par des kamikazes et par des gens armés de kalachnikov ayant pour but de faire le maximum de victimes, nous risquons d'être confrontés à une nouvelle forme d'attaque: une campagne terroriste caractérisée par le dépôt d'engins explosifs dans des lieux où est rassemblée une foule importante, ce type d'action étant multiplié pour créer un climat de panique.

La problématique pour eux est double : il leur faut des artificiers de haut niveau et il faut qu'ils puissent constituer en France des cellules leur permettant de bénéficier de la logistique nécessaire – accueil, armes... Or l'un des problèmes pour nous est précisément leur capacité à se procurer des armes. Un des domaines où l'Europe continentale devrait considérablement progresser est la répression du trafic d'armes.

À la suite d'une fusillade survenue dans une école de Dunblane, en Écosse, les Britanniques ont adopté une législation des plus rigoureuses prévoyant des peines très sévères, dissuasives au point qu'il est pratiquement impossible, aujourd'hui, de se procurer des armes à feu au Royaume-Uni.

Daech dispose d'individus capables de passer à l'action. Les chiffres que je vais vous donner sont les nôtres et ne reflètent pas nécessairement la réalité – parce qu'il y a toujours un chiffre noir que nous ne connaissons pas.

Pas moins de 645 ressortissants français ou résidents en France sont présents dans la zone syro-irakienne. Parmi eux, nous comptons 245 femmes, qui ne participent pas aux combats, et 20 mineurs qui, au contraire, s'y livrent. Ils sont donc moins de 400 à participer à des opérations militaires.Par ailleurs, 201 individus sont en transit, soit à destination de la Syrie, soit de retour de Syrie pour la France. Nous recensons 173 Français présumés morts – chiffre sans doute inférieur à la réalité, mais il est très difficile d'obtenir des indications précises du fait des bombardements. Deux cent quarante-quatre personnes sont revenues de la zone syro-irakienne en France. Enfin, 818 personnes manifestent l'intention de se rendre sur place.

Nous n'en constatons pas moins une stagnation des départs : il est plus compliqué de se rendre dans la zone concernée et l'on compte beaucoup moins de volontaires car les bombardements ont un effet dissuasif. On assiste à l'inverse à davantage d'intentions de retour sur notre sol mais qui sont entravées par la politique de Daech qui, dès lors qu'ils souhaitent quitter la Syrie, considère les intéressés comme des traîtres à exécuter immédiatement.

Je souhaite maintenant vous faire part d'une réalité totalement inconnue ou en tout cas jamais soulignée: nous recensons quelque 400 enfants mineurs dans la zone considérée. Les deux tiers sont partis avec leurs parents, le tiers restant étant composé d'enfants nés sur place et qui ont donc moins de quatre ans. Je vous laisse imaginer les problèmes de légalité que posera leur retour avec leurs parents, s'ils reviennent, sans compter les réels problèmes de sécurité car ces enfants sont entraînés, instrumentalisés par Daech: une vidéo est sortie récemment, en français, qui les met en scène en tenue militaire.

Ces enfants sont ainsi conditionnés; il faut savoir également qu'ils s'entraînent aux armes à feu. Nous disposons de vidéos montrant des enfants qui exécutent des prisonniers; ainsi, sur l'une, on voit un Français de onze ou douze ans – sans manifester aucune émotion – tirer une balle dans la tête d'un individu que Daech suppose être un agent des services israéliens. Il va donc falloir, j'insiste, s'occuper de ces enfants quand ils reviendront.

Pour ce qui est de l'aspect judiciaire, pour la seule DGSI, nous recensons 261 dossiers concernant plus de 1000 individus. Nous avons procédé à plus de 350 interpellations. Au moment où je vous parle sept personnes sont gardées à vue. Chaque semaine nous interpellons des gens. Plus de 220 sont mises en examen, plus de 170 ont été écrouées et plus de 50 placées sous contrôle judiciaire. Enfin, depuis août 2013, mon service a bloqué 15 projets terroristes en France.

Nous ne prenons souvent en considération que les Français ou les personnes résidant en France. Or nous sommes désormais obligés de réfléchir dans le cadre plus large de la francophonie. En effet, de nombreux Nord-Africains se trouvent dans les zones considérées: beaucoup de Tunisiens, un peu moins de Marocains et d'Algériens. Ils ont la capacité de venir très facilement sur notre territoire et la plupart sont francophones – on l'a vu avec les Belges qui ont opéré en France.

Ils ont aujourd'hui un intérêt particulier à s'installer en Libye. Sachez qu'il y a quelques semaines, pour la première fois, nous avons interpellé trois individus qui partaient pour la Libye, ce qui signifie que des filières pourraient se mettre en place puisque pour cela il suffit qu'une personne s'y rende et fasse ensuite appel à ses amis. Actuellement, quelques Français se trouvent dans la zone libyenne. Un mouvement s'amorce, et il faudra compter avec ceux qui quitteront la Syrie pour la Libye plutôt que pour l'Europe.

Je me suis livré devant vous à l'autopsie des attaques du 13 novembre dernier pour vous montrer que, pour anticiper, nous devons absolument bénéficier de renseignements en amont. En outre, il convient de mentionner l'échelon européen: on a beaucoup parlé du système d'information Schengen (SIS), évoqué les frontières qui n'étaient pas contrôlées, les filières migratoires…

bref, on s'aperçoit que l'Europe marche sur un pied et que tout le monde ne fonctionne pas de la même façon, indépendamment des coopérations qui existent bel et bien – je m'inscris d'ailleurs en faux contre de nombreuses allégations : la coopération est en effet totale entre les services de sécurité et les services de renseignement et les informations circulent entre eux de façon très fluide malgré, j'insiste, des systèmes législatifs complètement différents.

Le SIS est un fichier de signalisation dans lequel la DGSI a inscrit quelque 9000 noms alors que certains de nos partenaires ne l'enrichissent pas faute de pouvoir le faire pour la plupart.

Je prendrai un exemple très révélateur. L'individu qui voulait s'en prendre aux passagers du Thalys, vivait à Algésiras. Nous recevons un jour, de nos amis espagnols, l'information selon laquelle l'intéressé, qui tient des propos particulièrement virulents sans toutefois présenter, à l'époque, de dangerosité avérée, va s'installer en France. Nous effectuons des recherches et ne retrouvons pas sa trace. Il devait théoriquement être employé par la société Lycamobile mais, ne possédant pas les documents qui lui auraient permis d'y occuper un poste, il n'y est resté que quelques semaines.

Nous créons une fiche S – je rappelle qu'une fiche S est un moyen d'enquête, ni plus ni moins qu'un indicateur parmi d'autres pour se faire une idée du potentiel et de la personnalité d'un individu que nous souhaitons surveiller; aussi quand on évoque les fiches S1, S2, S3, S4... on ne renvoie qu'à des conduites à adopter et non à des degrés de dangerosité. Un an plus tard, nos collègues allemands nous signalent que l'individu en question vient d'être contrôlé à l'aéroport de Berlin, sur le point d'embarquer pour Istanbul – fait qui donne une coloration différente à la personnalité de l'intéressé.

Nous informons les Espagnols qu'il se trouve en Allemagne et se rend en Turquie. Ils nous répondent qu'ils sont au courant mais que, depuis, il s'est installé en Belgique. Comme le font les Espagnols, nous informons donc les Belges. Nous perdons dès lors sa trace puisque nous n'avons plus aucune raison de nous en occuper: il ne se trouve pas sur le sol français. C'est depuis Bruxelles qu'il montera dans le Thalys et qu'il tentera de tuer le maximum de personnes au cours de l'action que vous savez. Une polémique s'ensuivra aux termes de laquelle on fera valoir que le service intérieur français connaissait l'intéressé et le surveillait.

Pour ce qui concerne les coopérations, je commencerai par l'échelon national qui recouvre tous les services de la communauté du renseignement. J'ai l'habitude de décrire le renseignement comme une chaîne où chaque maillon, en complémentarité et en coordination avec les autres, accomplit sa mission. Il n'y a donc pas, pour nous, de services nobles et de services qui ne le seraient pas, mais seulement des services spécialisés disposant de moyens que n'ont pas nécessairement les autres. Nous entretenons une relation très étroite avec la direction générale de la sécurité extérieure (DGSE), avec laquelle nous coopérons au quotidien. Nous avons atteint un niveau de coopération jamais égalé.

Sur le plan international la coopération est très forte. Nous nous reposons bien sûr sur les grands services et force est de constater que les plus gros pourvoyeurs de renseignement sont les services américains. Mais nous coopérons également avec les services russes. Quelque 7 à 8% des individus concernés par les filières syro-irakiennes étant des Tchétchènes, il est bien évident que nous travaillons avec le Service fédéral de sécurité de la Fédération de Russie (FSB) et que nous cherchons avec lui tous les moyens d'identifier les individus en question, de connaître les actions qu'ils ont l'intention de commettre, et les réseaux auxquels ils sont susceptibles d'appartenir.

Reste que nous nous heurtons à un problème bien connu et qui va grandissant: celui du chiffrement. Sans trahir le secret de l'instruction, à travers les investigations opérées à la suite des attentats de Bruxelles, nous nous sommes rendu compte que nous avions affaire à des structures très organisées, très hiérarchisées, militarisées, composées d'individus communiquant avec leur centre de commandement, demandant des instructions sur les actions à mener et, le cas échéant, des conseils techniques.

Cette communication est, je le répète, permanente et aucune interception n'a été réalisée; or même une interception n'aurait pas permis de mettre au jour les projets envisagés puisque les communications étaient chiffrées sans que personne soit capable de casser le chiffrement. Je rappellerai pour mémoire le conflit ayant opposé Apple et le Federal Bureau of Investigation (FBI); quand on connaît la puissance de ce dernier, on voit bien que nous sommes confrontés à un problème majeur qui dépasse largement le cadre des frontières nationales.

J'entends par ailleurs démythifier tout ce qu'on dit en permanence sur le renseignement technique et le renseignement humain, car cette distinction ne signifie rien. Voilà trente-neuf ans que j'exerce ce métier: il y a le renseignement et ensuite les méthodes par lesquelles on peut l'obtenir, l'essentiel étant de l'obtenir. On ne peut toutefois faire abstraction de l'évolution du secteur numérique. Nous sommes bien obligés d'en tenir compte d'autant qu'en face de nous les gens sont très professionnels.

Pour finir avec Daech, nous aurons à nous occuper des vétérans. Nul doute que nous gagnerons le conflit, du moins avec l'organisation telle qu'elle existe –mais le problème – parce que politique – ne sera pas réglé pour autant. Pour assurer notre sécurité, nous devrons nous occuper des vétérans. Nous avons connu le phénomène des vétérans d'Afghanistan qui a donné le GIA en Algérie et les attentats de 1995 en France. Il ne faudra pas perdre de vue que parmi les futurs vétérans il y aura des terroristes très aguerris mais aussi des gens relevant d'ores et déjà de la psychiatrie et dont nous ne savons pas ce qu'ils vont devenir.

La deuxième organisation qui nous menace est Al-Qaïda. AQMI se manifeste surtout au Sahel et ailleurs en Afrique mais, à l'exemple du GIA en 1995, n'exclut pas un jour d'exporter la violence. Là aussi, les facilités de communication et de voyage entre l'Afrique du Nord et la France poseront des problèmes. AQPA, de son côté, a revendiqué l'action des frères Kouachi même si le lien paraît tout de même très lointain puisque l'un d'eux s'était entraîné au Yémen en 2011.

Al-Qaïda a besoin de redorer son blason. Cette organisation a pratiquement disparu de la scène islamiste et voudra, à un moment ou à un autre, tenter une action d'envergure à même de lui redonner une importance telle qu'elle puisse recruter à nouveau. Reste que de nombreux Français se trouvent au sein du Jabhat al-Nosra (Front al-Nosra). Il est difficile de savoir combien ils sont exactement et à quelle organisation ils appartiennent mais il faudra là aussi que nous nous occupions d'eux à leur retour.

Certains groupes, au sein d'Al-Qaïda, sont préparés pour des actions extérieures, planifiées à long terme et qui se veulent d'une telle ampleur qu'elles ne peuvent pas se réaliser de façon très rapide.

Outre les organisations, nous avons une autre source d'inquiétude: des appels sont lancés depuis la Syrie par des gens à certains de leurs amis qui se trouvent sur notre territoire afin qu'ils y commettent des actions. Nombre des réseaux que nous avons démantelés appartiennent à cette catégorie-là. Nous sommes également confrontés à la présence d'islamistes, sur notre territoire, et qui ne sont liés à aucune organisation.

Je rappelle également que la revue en anglais d'AQPA, Inspire, enjoignait à ses partisans de ne pas se rendre sur place mais de frapper depuis l'endroit où ils se trouvaient en utilisant tous les moyens à leur disposition.

Les velléitaires constituent notre troisième source d'inquiétude, à savoir ceux qui auraient bien aimé partir pour la Syrie et qui, pour diverses raisons, n'ont pu le faire. Dans ce cas, nous sommes confrontés à la propagande massive de Daech et à la capacité de bloquer les messages sur internet. Je classerai dans cette catégorie des gens contre lesquels il est très difficile d'agir: tous ceux qui relèvent de la psychiatrie, des instables psychologiques. Pour finir, *la question relative à la menace n'est pas de savoir «si», mais «quand» et «où».*

Profond mal-être

I faut tâcher de comprendre à qui nous avons affaire. Nous constatons chez la plupart de ceux que nous arrêtons un profond mal-être; or la seule idéologie qui leur donne une raison d'exister en ce bas monde est l'extrémisme religieux. Je passe sur le désir d'aventure, de violence, de vivre dans un autre monde. Reste qu'ils détestent notre société: «Nous aimons la mort comme vous aimez la vie.» C'est très frappant.

Je l'ai dit en d'autres lieux: je ne m'explique pas comment une fille de quinze ans quitte la France pour se rendre en Syrie vivre dans des conditions abominables; je ne m'explique pas comment un gamin que rien n'y prédispose, va poignarder un enseignant juif au seul motif, je le répète, de détester cette société. Aussi, si l'on se limite à une réponse sécuritaire, on se trompe.

Or une opération terroriste ne coûte quasiment rien: louer une voiture, un appartement, acheter des armes, vivre au quotidien... Nous avions saisi la comptabilité de la campagne terroriste de 1995: elle a coûté au total 150000 francs – depuis l'assassinat de l'imam Sahraoui jusqu'au démantèlement du réseau. Beaucoup sont issus du milieu de la délinquance donc ils ont les contacts nécessaires et savent commettre des vols, au besoin, pour se financer.

Banlieues

Il y a trente ans ou plus, on a fermé les yeux sur les premiers incidents survenus dans les banlieues. Cela a abouti à ce que les zones concernées soient dirigées par de petits caïds – il s'agissait de délinquance et elle n'affectait pas le consensus social. Aujourd'hui nous nous trouvons dans une situation de «conscientisation» d'une partie d'entre eux. Comment expliquer qu'un voyou qui, toute sa vie, n'a eu pour idée que de voler son voisin pour pouvoir jouir de l'existence, va tout à coup basculer dans un extrémisme morbide puisqu'il va l'amener au sacrifice de sa vie.

C'est pourquoi j'estime que si l'on ne raisonne qu'en termes de sécurité, on va dans le mur. La sécurité est en effet une sorte de SAMU: or un SAMU a pour mission de vous conduire vivant à l'hôpital mais pas de vous soigner.

Pour être franc avec vous: je crains cent fois plus la radicalisation que le terrorisme. Avec le terrorisme, nous prendrons des coups mais nous saurons faire face – nous avons connu des événements très graves tout au long de l'histoire; mais cette radicalisation rampante qui va bouleverser les équilibres profonds de la société est à mes yeux beaucoup plus grave.

Les terroristes sont issus du milieu du banditisme. Cette porosité entre terrorisme et banditisme ne concerne pas la finalité, les objectifs, mais traduit le fait que des individus ont grandi ensemble dans les mêmes quartiers, ont parfois été incarcérés ensemble, et ont de ce fait développé une certaine forme de complicité.

Sans prévention nous n'y arriverons pas. Cependant, les individus en question sont largement inaccessibles au discours. Les gamins se «shootent» aux vidéos de Daech. J'aurais pu, pour cette audition, apporter et projeter une de ces vidéos, par exemple «Tends ta main pour l'allégeance». Leur capacité d'attraction est extraordinaire. Face à cela, nous disons à ces gamins d'aller à la mosquée, alors qu'ils ne comprennent pas tout ce qu'ils y entendent, ne connaissant souvent rien à l'islam et au Coran. Le décalage est très grand. Il faut trouver des gens qui soient crédibles auprès d'eux. C'est difficile avec les repentis car, pour eux, un repenti est un traître.

DGSI

Pour ce qui est de la DGSI, sa création a répondu à l'impérieuse nécessité de disposer en France d'un véritable service de sécurité intérieure, pendant naturel de la DGSE à l'extérieur, à l'image de ce qui existe chez nos principaux partenaires étrangers avec lesquels nous coopérons. De fait, il convenait que ce nouveau service puisse se voir assigner des missions très précises – pour éviter de nous heurter à certains écueils comme par le passé –, au service des intérêts fondamentaux de notre pays, avec des pouvoirs précisément décrits et contrôlés, le vote de la loi relative au renseignement en ayant constitué l'aboutissement.

Parmi les missions cardinales de la DGSI, la lutte contre le terrorisme occupe, bien sûr, une place prépondérante, mais on ne saurait méconnaître les autres formes de menaces qui visent la France et ses intérêts, comme l'espionnage – mal endémique, insensible, mais ô combien dévastateur dans un monde où les grandes puissances se livrent à une lutte acharnée pour préserver leur leadership sur les plans politique, économique, militaire, industriel.

Découlent de cette mission non seulement la protection de nos intérêts économiques dans un univers particulièrement concurrentiel, mais aussi la lutte contre les proliférations ou encore la cyberdéfense, les cyber-attaques représentant un nouveau péril qui ne cesse de prendre de l'ampleur; bref, tout ce dont l'État a besoin pour protéger les intérêts fondamentaux de la nation.

Pour ce qui concerne ses moyens, la DGSI compte aujourd'hui plus de 3000 agents, dont 73% de fonctionnaires actifs de la police nationale, 16% de fonctionnaires administratifs et 10% de contractuels.

Ces chiffres tiennent compte des recrutements déjà réalisés depuis la mise en œuvre des trois plans de recrutement décidés par le Gouvernement, sachant qu'à terme, en 2018, avec l'achèvement de ces plans, l'effectif total de la DGSI sera de plus de 4000 agents, à raison de 68% de fonctionnaires actifs de la police nationale, 14% de fonctionnaires administratifs et 17% de contractuels.

Autrement dit, la croissance en effectifs, sur une période de cinq ans, sera de près de 40%. Aussi, je vous laisse imaginer les difficultés auxquelles nous sommes confrontés en matière de recrutement, de formation, de professionnalisation et de fidélisation.

Cela suppose également une définition précise, dans le cadre d'un plan stratégique de montée en puissance, de nos besoins, une mise en place de parcours de carrière; en quelques mots, cela implique une gestion très fine de nos moyens humains, sans compter le défi majeur qui consiste à faire travailler ensemble des personnels venus d'horizons divers et pour certains à forte culture professionnelle.

Les defis

Le premier est technique: on ne peut désormais faire abstraction de l'avènement du numérique et de ses conséquences profondes sur nos modes d'enquête; nous avons donc recruté et continuons de recruter des ingénieurs et des techniciens; j'y reviendrai en évoquant la lutte contre le terrorisme.

Le défi analytique, ensuite: la complexité des problèmes et menaces traités nous impose de recourir à des personnels non issus de la police nationale mais spécialisés dans l'économie, la finance, voire dans d'autres domaines plus opérationnels, tels que des psychologues ou des linguistes.

Le dernier défi est juridique: la loi relative au renseignement, outil indispensable à notre action et qui la légitime, nous a amenés à former plus de 2500fonctionnaires à sa mise en œuvre.

Dernier point: nous avons une couverture nationale et sommes présents dans soixante-dix-neuf départements ainsi qu'en outre-mer. Nous disposons enfin de représentations à l'étranger où nos officiers ont pour seule mission d'assurer la coopération avec les services de renseignement et de sécurité locaux.

Plus de deux tiers de nos capacités sont consacrées à la lutte contre le terrorisme. À cet effet, sont mobilisés: la sous-direction parisienne spécialisée en la matière, l'ensemble des fonctionnaires de nos implantations territoriales, nos capacités de surveillance physique et technique, sans oublier notre sous-direction judiciaire et ses antennes provinciales.